主题教研的研究与实践丛书

主题导航教研

上海市教育委员会教学研究室　著

Zhuti
Daohang
Jiaoyan

上海教育出版社
SHANGHAI EDUCATIONAL
PUBLISHING HOUSE

序　言

　　教研，是保障教育质量、促进教育内涵发展的重要机制，也是教师专业发展的重要引擎。伴随上海课程改革逐步深化的30年，上海教研人员以服务课程改革为己任，主动适应课程试验、课程推广、课程深化各阶段改革需要，确立工作重点，调整教研方式，履行教研职能，为探索新时代教研转型而不懈努力。

　　课程改革强调以立德树人为核心，以认知能力、创新能力、合作能力、职业能力为重点。如何建设体现课改要求的国家课程，如何使国家课程转化为教师理解与实施的课程，进而转化成学生经历与获得的课程。这正是"课改中枢"——教研系统亟待解决的重要问题。

　　古德莱德课程分类理论将课程分为理想、正式、领悟、运作、经验五个层次，同时指出各层次课程在转化时会产生"落差"。减少各层次课程转化时的"落差"，是提升质量的关键，需要有专门的机制和方法。上海教研围绕课程转化的职能，采用文本指导和现场指导这两种基本方式，通过理论与实践相结合的经验提炼研究，促进学校和教师理解国家课程政策、课程方案、课程标准和教材，帮助学校和教师将理解的课程转化为设计方案，并指导学校和教师实施方案，转化为学生的收获。

　　在数十年的教研探索与实践中，上海构建、形成了完备的市、区、校三级教研组织体系。区教研员向上对接市教研员，传递、落实市级课程改革和教学研究任务，推进区域课程改革和教学研究，向下对辖区内学校、学科教学研究给予指导。教研让教师的经验得到传播和分享，让教研活动参与者和组织者共同经历从普通到卓越的全过程。

　　为了推进教研活动走向更加科学、系统、规范，围绕着基层教研活动中存在的问题，诸如：教研主题如何更鲜明？教研内容如何更加聚焦？教研流程如何更规范？教研方法如何更科学？上海市教育委员会教学研究室（以下简称"市教研室"）实施了"主题教研活动的研究与实践"项目。该项目通过对上海市教学研究工作现状的调研，针对基层教研面临的问题与教育改革发展形势的需求，明确了教研转型的方向，探索并建立了主题教研活动的规范、流程、路径、工具，并结合市、区、校三级主题教研活动的实践应用，提升教研活动的主题性、实证性、参与度，提高教研活动的有效性。

在论述主题教研活动时，我们借用了"导航"的概念。依《辞海》的释义，"导航"的概念描述是"根据载具（vehicle）之速度与位置的测定，以引导载具航行的科学"，此处所称之载具包括船舶、飞机、运载火箭、太空船、飞弹等。其导航的过程可以分为四个阶段：评估，规划，执行和监测。在主题教研活动中，"主题"对于"教研活动"的方向引领和研究导向恰似"导航"的作用。如教研活动主题的确立需要对教师实践需求进行汇集、梳理和提炼，最终评估确定教学实践中的真问题，再通过流程的规划和设计，组织教研员和教师来开展（执行）教研活动，在过程中，通过教研工具的支持来促进参与者的深度参与，同时基于教研现场的实证数据对教研活动的效果进行评价和反馈（监测）。

基于此，主题教研系列丛书主要涵盖三部分内容，分别从教研的理论研究与发展概述、主题教研范式的构建和操作研究、主题活动案例的示例与剖析等三个方面来阐述主题教研活动的理论与实践研究成果。

以理论研究为教研活动的内涵发展导航。"研究篇"[1]是主题教研研究的奠基工程，通过对教研活动现状的调研与分析（问题的起点），对教研活动历史发展与研究脉络的梳理与归纳（理论的建构），对主题教研活动流程与规格的提炼和架构（研究目标与内容），对主题教研活动操作路径和方法的实践和评估（成果的应用），构建了主题教研活动范式，进一步诠释了对教研内涵的认识，提升了教研的理论高度，引导教研员和教师扎根鲜活的教育教学实践，将理论应用于实践，同时又通过实践完善理论的构建，从而实现课程教学理论与实践的不断发展。

以操作实施为教研活动的品质提升导航。"操作篇"[2]是本书的灵魂与核心部分，主要对主题教研活动几个关键问题——"是什么？为什么？如何做？效果怎样？如何改进？"等进行阐述与分析。本篇章采用了一种新颖的"问答"方式，以30个问题串联起主题教研活动的前期、中期、后期三个重点环节。一方面围绕着主题教研活动基本流程每一个阶段（策划、设计、实施、反思、分享等）所要关注的核心问题、要做的主要工作、要达到的规格要求进行阐释；另一方面聚焦教研员和教师在主题教研活动实践中遇到的实际困惑和问题，进行有针对性的情境式的答疑解惑，以增强文本的可读性和实践操作的应用性，帮助教师通过团队智慧、经验分享，达成共识，传播成果，深化教研深度和提升教研品质。

以案例剖析为教研活动的实践推广导航。"案例篇"[3]（幼教·小学·初中）主要呈

1　此处指《主题导航教研》中的"上篇·研究探索"。

2　此处指《主题导航教研》中的"下篇·实践导引"。

3　此处指《主题导航教研》中的"下篇·实践导引"中的五篇主题教研活动实例，以及系列丛书《案例锚定主题（学前教育卷·小学卷·中学卷）》中的主题教研活动实例。

现的是主题教研活动的实践应用案例，这些案例从类型上来看，覆盖幼、小、初、高四个学段，涵盖市级、区级、片级、校（园）级的主题教研活动，是本项目组与基层学校一起"边研究，边实践，边改进，边推广"的经验成果。它们具有称之为案例的三个特点：真实发生过；经过合理的思维加工；具有案例的特征。为了更加突出主题教研活动的几个独特而关键的要素，如活动主题的来源与确立、流程的规范与规格、基于实证的工具支持等，主题教研项目组成员撰写了五篇示范性案例，这些案例采用"提纲挈领"的表格呈现方式，将教研活动按照流程进行切割，并辅之以"点评"对案例进行全面的阐述与剖析，形成并积累对教研活动经验的共识性成果，由此展开推广和辐射，促使主题教研活动成为各级各类教研活动普遍学习和应用的教研模式。

教研的生命力在于扎根教学实践，学校每天的教学实践才是教育中最真实、最实在、直接作用于学生的关键。教研员的专业影响力在于能够解决学校的真问题，教研员的价值在于能够总结、提炼和推广有效的教学研究成果。教研员要和中小学校长、教师一起从学校教育教学现状评价诊断开始，在学校育人理念的指导下，进行学校课程的整体规划和设计，然后基于该校特点和需求进行学科教学、评价、管理和教师专业成长的系统变革。

在深化课改的背景下，转型中的上海教研将更加重视打造"分享、合作与诊断"的教研文化：其一是鼓励民主、平等的对话，鼓励思维碰撞和互动，鼓励教师贡献实践智慧；其二是构建教师合作研究群体，形成一线教师、教研人员、理论工作者合作研究的群体，在参与式教研中实现优势互补和共同成长；其三是注重形成问题诊断机制，让教师在研修中带着问题来、带着方案走，带着行动的结果来、带着新的方案走。

上海教研文化生态的形成和发展离不开上海教研实践范式的理论指引与主题教研活动的实践推展应用——基于教研主题的主动学习、面向真实情境的深度学习、基于证据反馈的智慧学习、突破时空界限的无边界学习等等都将是上海教研深化与发展、辐射与推广的重要途径。让我们共同期待"教研支持教师专业成长，教师促进教研品质提升"的美好愿景与目标！

上海市教育委员会教学研究室主任　徐淀芳

2019年9月10日

目 录 Contents

上篇：

研究探索

第一章 研究的源起

　　长期以来，教研工作是我国基础教育质量保障体系的重要组成部分，随着上海教育迈入内涵发展阶段，改革的重心正逐步下移到中小学校。实现教育的内涵发展，不能仅仅依赖于学校的自发努力，需要在直面学校优势与不足的基础上，通过教研活动与教师日常教学工作的协调运作才能实现。主题教研活动的研究与实践立足于通过对教研活动的概念界定、对象与内容、流程与形式、检测工具与效果评价等教研重点问题进行梳理、分析和归纳研究，建立一套可操作、可推广的主题教研活动范式，规范当前的教研活动，指导和帮助教师围绕课程实施与教学实践中的真问题，针对学科（学段）教学发展的特定需要和课程实施的具体问题开展教研活动，从而提高区域和学校的教育教学质量。

一、目标导航

（一）厘清教研的系列核心概念，丰富"教研"的理论基础

　　梳理主题教研的核心概念及基本特征，对其有关"概念群"进行梳理与分析研究，以凸显研究的重点，清晰研究的边界，为主题教研活动的研究提供（对象、术语、指标、概念等）理论依据。

（二）构建科学的教研活动流程与规格，形成一套教研活动指导方法

　　探索一套可操作、可推广的主题教研模式，包括基本流程的规格要求（策划、设计、实施、反思等），以及基本要素的标准水平（目标、内容、对象、路径等）。帮助市、区教研员和基层学校教师科学、规范、有品质地展开教育教学

研究活动。

（三）研发系列主题教研活动工具，为教研活动提供基于证据的方法指导

依据不同的教研环节与内容，开发和应用教研活动工具来开展基于证据的教研活动，引导教师通过典型观察点、即时数据等收集证据来优化经验，增强参与的实效性。

（四）探寻基于文本指导与现场教研相结合的主题教研活动推广策略，形成可辐射的教研活动成果和产品

通过主题教研活动指导手册的实践指导和各级各类教研活动的实践应用，汇编形成主题教研活动实践案例，结构化呈现上海教研活动的研究性、操作性和指导性。

二、方法引领

（一）研究方法

1. 文献研究法：对国内外主题教研的相关研究进行资料搜集和梳理，为每个阶段的研究提供相应的情报资料，提供基础性的理论分析研究。

2. 调查分析法：对近三年来，市教研室的教研员和两个具有代表性的区域（徐汇区、金山区）进行教研活动调查分析，包括问卷调查和教研案例分析，了解典型经验和主要问题，提供实践性的研究依据。

3. 行动研究法：确定市教研室高中、初中、小学、幼儿园四个学段的具有代表性的四门学科，以及徐汇区、金山区相应的学科、学段作为试点单位，率先运用辅助于主题教研活动开展的工作量表，包括主题教研活动告示单、课堂观察工具、活动质量评估单等，以不断发现问题，进行验证和调整，在行动过程中体现不断循环的研究路线。

4. 案例研究法：聚焦研究目标，整理和归纳能体现主题教研特色的、具有基层指导意义和借鉴意义的优秀案例，形成具有推广意义的案例集，来证明研究观点和结论。

5. 数据统计法：对项目研究过程中产生的各种数据进行合理的分类、归纳、分析、提炼，发现内在规律，进行科学的预测和判断。

（二）研究路线

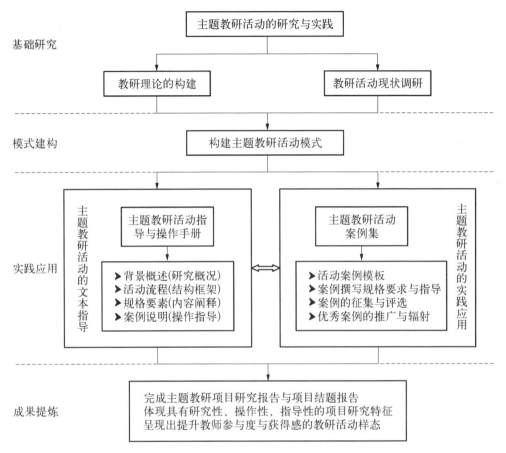

图1-1　主题教研活动的研究与实践路径图

第二章　教研转型发展

一、教研活动的发展历程

　　"教研"是我国基础教育独有的组织形式与活动内容，西方国家并没有直接概念与之对应，但我国教育研究发展过程中学习和借鉴了的大量的西方概念、术语和理论，教学研究活动领域也是如此，这无可厚非，也非常必要。随着全球化进程的推进，我们的教育研究在进一步发展中既需要秉持全球视野，更需有一种"本土"理性：结合自身实践情境，思考西方概念和术语背后的思想内核，吸收合理的理论建设和操作经验，以更加合理地改善国内"教研活动"。

　　在此背景下，国内学者借鉴了西方有关教师专业发展的理论和思想，分析我国的教育实践。发现，我国早已有之的"教研"、最典型的如各级教研组开展的教研活动，在其他国家也有着不同形式和内容的教学研究活动。

（一）美国的教师引领与共同体活动

　　美国中小学领域并没有统一建立起类似于我国的教研组制度，同一学科的教师常常"各自为政"，传统上，美国中小学主要是在不同教育理念指导的背景下实施着不同的教研项目或计划。随着教师专业化浪潮的推进，以美国为代表的西方国家发现教师专业发展个人主义的倾向日益加剧，教师拘泥于自己所属的课堂和学科，封闭于自我的世界中，很少或不愿与同事合作，这种现象严重阻碍了教师的专业发展。为此，美国的教育工作者积极寻求教师教育的变革，就组织形式而言，最明显的转变莫过于在职前、职中以共同体的形式开展教师研修。

　　从教师专业发展研究领域可以发现，美国的教师研修活动总体而言可以概括为五类：第一，支持职前教师的协作教学活动；第二，支持初任教师的同伴指导活动；第三，专业水平相近的非初任教师之间组织和开展的、相对随意的同伴互助活动；第四，由州教育厅或学区教育局等教育机构统一组织的、旨在促进所有在职教师的专业发展的校本辅助活动；第五，教师引领活动，是"教研"的进一步发展，包括教师同伴指导活动、同伴互助、校本辅助甚至部分的职前教师实习活动。

1. 教师引领活动的内容[1]

教师引领活动是指教师除了完成自己的教学任务之外，还开展另一些教育活动以促进学校教师的专业发展、影响所在学区和社区的教育政策制定，或在所在学区兼任一定的职务以促进课堂教学实践的改革等。我国的教研活动强调教师针对自己工作领域中产生的问题开展研究、解决实际的教育教学问题、参与课程开发、研究课程实施方法和影响课程改革等，事实上，这也是提倡教师在自己的专业生活中充当"引领者"，而不是行政指令的执行者和跟随者。

教师充当引领者的动机首先在于，他们不满于周围的教育水平和现状，试图通过自己的努力去为学生开发合适的课程、满足身边教师的专业发展需求、改进学校的教学质量，而不是出于对经济回报和权力欲望的追求。一般而言，对领头教师或引领教师的界定如下：他们仍旧担任教学工作；他们还担任除教学以外的其他工作，并产生一定的影响；他们不是教育行政管理人员或督导人员，由同事选任，在开展其工作的过程中享有相当程度的自主性。

教师引领活动的主要内容，主要包括：其一，教师引领者担任一定的教学工作，他必须是自己学科领域中的教学模范；其二，促进教师专业发展的活动，如为教师设计专业发展计划、评价教师的教学质量等方面；其三，在学校层面上促进学校整体发展的活动，参与学校层面上的行政管理、决定学校未来发展与走向方面的工作，如在计划预算、参与决策、选拔优秀教师、决定学校是否开展变革等方面展开工作并承担相关责任；其四，作为联结学区领导、学校行政人员以及学校教师群体之间的纽带，促进交流；其五，组织课程开发、选择教科书、探寻有效的教学策略、制定适当的学生行为准则，等等。其中，"促进教师专业发展""促进学校整体上的发展"以及"组织课程开发、探寻有效的教学策略"是教师引领活动的主要内容。

2. 美国"教研"的特色与发展趋势

美国的"教研"虽然与我国的教研活动有相同之处，但本质上存在着差别。在内容上，我国教研活动更注重解决实践层面的问题；在形式上，我国的教研活动有着制度化的组织形式，发展更为完善；另外，美国的教师专业引领受到"教师成为研究者"的重要影响，各种类型的活动主旨都在于提倡教师成为教学研究者，更加

---

1 吕敏霞. 中美校本教研比较研究［D］. 上海：华东师范大学，2008.

关注教师个体的成长。

还有研究指出，美国教研的专业引领活动中出现了几种新的倡导和趋向：其一，专业引领人员在提倡新理念的同时，还应以亲自上课等形式向教师展示新理念在实践中的应用；其二，大学教师到实习生所在的中小学校里，与中小学校里的指导教师一起观摩和指导实习生上课等；其三，实习生毕业参加工作成为新教师后，大学教师可跟踪指导之，包括观察他们上课、就其目前所面临的教学问题而开展讨论以及为其上示范课等。这也为我国教研活动的发展提供了新的思路。

3. 对我国教研活动的启示

作为一个专业术语，"教师专业共同体"（Teachers' Professional Community）或"专业学习共同体（Professional Learning Community）"早在20世纪60年代就已进入美国教育研究者的视野。虽然目前学界对该概念的表述还存在争议，但是普遍认同是指教师群体围绕学生学习或教师发展这一共同目标而展开的集体合作活动，且有效的专业学习共同体应该包括共享的目标、合作活动、关注学生学习、分享实践和反思对话等核心要素。20世纪90年代后，国际上倾向于以合作共同体的形式开展教学研究活动，这些合作共同体的特质归纳如下表：

表 2-1　教学研究型合作共同体的特质

学　者	术　语	特　　质
彼得·圣吉（1990）	学习型组织	系统思考、个人控制、心智模式、团体学习、共享愿景
克鲁斯·路易斯等（1994）	校本学习共同体	教师间的反思性对话、实践的非私有化、集体关注学生学习、合作、分享的价值和标准
霍德（1997）	专业学习共同体	支持性及共享的领导、共享的价值和愿景、集体学习与学习的应用、支持性条件、共享的个人实践
麦克劳·克林（2001）	教师学习者的共同体	清晰且共享的目标、探究的立场、学习的技能、边界跨越、拓展的共同体边界
哈格里夫斯（2003）	蓝山中学的专业学习共同体	1. 结构：专业学习团队、管理团队、家长委员会、学生议会； 2. 技术：完整统整、所有教师配置携带型计算机、少会议多学习、数据开放； 3. 领导：高资格、关注学生和组织学习、分权领导、有计划的领导连续； 4. 个体学习：学习的生命、领导的学习、持续性学习、联结个体学习与专业学习； 5. 文化：关怀和学习； 6. 目标：学生和他们的学习、自我意识的学习型组织、学习和关怀

专业学习共同体这一西方舶来概念引入我国教育领域后引起了广泛的关注，研究者多用以解释我国中小学教师的教学研修活动。从理论上来看，一方面，专业学习共同体所强调的学习型组织、教师专业自主、平等协商等理念被视为我国教研组发展的理想模式；另一方面，我国教师呈现的专业学习共同体有别于西方国家，如我国中小学教研组并非单纯的专业组织，同时也兼具基层管理组织的特点，教研组织是独具"中国特色"的专业学习共同体。

（二）日本的研修体系与教学研究活动[1][2]

日本的基础教育质量在世界上、特别是西方国家中颇受赞誉，其中不断提升教师的水准是队伍建设的关键一环。那么，同具东方国家教育传统并实行中央集权教育管理制度的日本，是如何开展教学研究活动的呢？

在日本，教师的专业发展主要有两种渠道，一是按照国家的法律规定、由各级教育行政部门组织的教师研修活动，二是由民间团体和学校自行组织、开展的教学研究活动。这两方面的活动相辅相成，互为补充。

1. 日本的教师研修体系

从整体上看，目前日本全国共有各级"教师研修中心"107个，覆盖全国各地区，形成了国家、都道府县、市町村三级教师在职培训网络。各地区的教师研修中心都会在前一年制订出下一年度的教师研修计划时间表，包括时间、地点、人数、主题内容、形式等等，以为教师参加研修提供参考。

各地研修活动的形式大体相同，主要包括：专题讲座、远程研究、小型研讨会、特定学科研修、自由研修等。研修的内容涉及学科教学指导、学校管理、教师职业基础、信息处理教育等。此外，根据不同时期国家教育改革政策要求和学校教育中存在的实际问题，教师研修中心也会开展一些专题培训。可见。教师研修的内容涵盖了学校教育的各个方面，既指向特殊群体也满足普遍需求，研修方式也较为多样化。

2. 日本的教学研究活动

"教学研究"，在日本使用"授业研究"一词，在英语中被翻译成"Lesson Study"，近年来我国学者在谈及日本"教学研究"时常常使用的是"课例研究"。

"教学研究"在日本是指由民间发起的一种教学研究活动，其基本形式是通过自由参观原汁原味的公开课教学，观摩者对教学过程中注意到的问题开展共同讨论，并对学校、教师和班级下一步教学活动的开展提出建议。教学研究活动的

1 高峡.日本的教师研修制度和教学研究的展开［J］.教育学报，2014（6）：67-74.
2 赵红霞，孔企平.日本课例研究及启示［J］.教育理论与实践，2009（11）：20-21.

参与者既有大学教师，也有来自一线的中小学教师以及教师培训机构的学者、管理者等。

"教学研究"的范畴涉及课程开发、教材研究、教学过程研究、学生问题研究、评价研究等。也有学者将日本围绕学科教学方法而展开的教学研究大致归类为：教材开发研究、儿童中心研究、班级学习组织建设研究、目标达成研究、聚焦方法的研究和基于生活的研究等。其中，最典型的要属课例研究，是学校教学研究的基本方式，主要采用同学校工作的教师共同分析、评价课例，从中获得对教学的共识，辐射和影响各个学科和教师，以此促进学生的成长。一般认为完整的"课例研究"应包括选定研究课目标，合作设计研究课，关注实施中的研究课，讨论研究课，重新设计研究课，执教经过重新设计的课，反思交流重新设计的课等流程。

3. 对我国教研活动的启示

日本现行的教师研修制度和教学研究活动的开展和我国有着许多相似点，也有许多不同点。教师的研修体系，在课程变革的过程中遇到的课程开发、教材以及教学问题和我国极为相像。同时，"教研"中对研究框架、研究对象、研究目的等"方法论"方面的问题重视不够，缺少对教研活动流程的科学性和模式化提炼，更倾向于"实践型的""尝试错误型的"研究，这类方法论问题在我国也普遍存在。

日本的"教研"是指狭义上的"教学研究活动"，是自下而上展开的。研究主体由一线教师和大学的研究者共同组成，他们之间不是单纯的"被指导—指导"的关系，而是协作研究与学习的共同体。总体来说，日本教师研修的制度设计、研究中民间团体的作用、中小学教师长期自觉的坚持，以及加强研究者和学校的对外交流等方面都有很好的经验，值得学习和借鉴。

（三）中国教研活动的形成与发展

回顾我国教研活动的形成与发展，可以更好地理解教研活动的开展与影响，探求新时期教研活动内容、形式的转型与发展。

1. 教研的演变

我国教研制度经历了70年的变革，对基础教育的发展有着不可替代的影响，整体上经历了四个重要历程，不同时期的教研活动也各有侧重。

（1）初创与发展期（1949—1965）：编写教材、培训教师

新中国成立之后，旧的教育体制已不适应新中国发展的要求，急需建立新的教育秩序，这其中一个重要举措就是先在教育行政系统内部建立教学管理组织，具体部署和主持教学工作的正常开展。这个时期教研机构的工作主要集中在编写新中国的第一批教材、保障全国中小学恢复教育教学的正常秩序，培训教师，提高教师的

素质，帮助教师解决教育教学中的问题。[1]同时，还要按教材要求提供教师和学生参观、研究的教学场所，有些如上海市教育局教研室还组织了教师到可满足教学需要的农场参观旅行和实习。[2]"这一时期教研活动主要是加强国家有关政策、方针的学习；钻研教材教法；组织教师观摩教学、听课评课。"[3]其后十来年时间内，教研机构的作用逐步显现出来，也慢慢走出对苏联经验的盲目照搬，教研活动逐渐走向制度化。

（2）进入挫折期（1966—1976）：编写教材

1966年起，我国开始了长达十年的"文化大革命"。受此影响，教研机构名存实亡，教学研究工作陷入瘫痪，教研活动停顿。因为原先的教材都被废除，复课后没有教材，教学陷入混乱局面。[4]面对这种局面，各地成立了教材编写组，组成人员便是原来的教研工作者，承担起了编写教材的工作。[5]"文化大革命"后期，各地的教研机构陆续恢复，各地从中小学抽调了有教学经验和研究能力的教师担任教研员，在编写教材、教学材料，帮助教育行政部门整顿教学秩序方面作出了一定的贡献。

（3）恢复与发展期（1977—1999）：以教学管理为主

持续十年的"文化大革命"使我国的基础教育事业遭到了严重的摧残，"文革"结束之后，各地教育部门的首要任务就是恢复和整顿教育秩序，并相继恢复了教研机构，以加强对教学工作的具体指导。"教育行政部门和学校应加强对教学工作的领导，注意组织教师研究教材和教学方法，帮助水平较低、经验较少的教师提高教学质量，交流教学经验"；在教研活动内容上，要求"全日制中学必须切实加强基础知识的教学和基本技能的训练"。[6]

1990年国家教育委员会发布《关于改进和加强教学研究工作的若干意见》，规范了教研工作职能，要求各级教研机构"要不断改进和完善教学研究制度和工作方式，努力将教学研究工作的重心下移到学校，积极调动与整合高等院校、科研院所等各种专业学术力量，构建专业支持体系，以区域教研、联片教研、网络教研等多种形式，营造广泛参与、合作交流、民主开放的工作氛围，切实解决学校教学活动中的实际问题，全面推进校本教研制度"。

（4）调整与转型期（2000—今）：以课程教材为中心的研究、指导与服务

2001年6月国家教育部颁布《基础教育课程改革纲要（试行）》，在改革的具体目标上，提出了著名的六个改变，全盘冲击着教研机构的工作任务和内容，但《纲

1 梁威，卢立涛等著.撬动中国基础教育的支点——中国特色教研制度发展研究[M].北京：教育科学出版社，2011：3.

2 聂劲松.中国百年教育研究制度审视[D].长沙：湖南师范大学，2009.

3 李松.我国中小学教研60年[J].当代教育科学，2014（17）：16.

4 梁威，卢立涛，等.撬动中国基础教育的支点——中国特色教研制度发展研究[M].北京：教育科学出版社，2011：58.

5 尹桂荣.新中国基础教育教研制度的历史演变与现实追求[D].长沙：湖南师范大学，2006.

6 全日制中学暂行工作条例（试行草案）、全日制中小学暂行工作条例（试行草案）[Z].安徽教育，1978.

要》也同时指出"各中小学教研机构要把基础教育课程改革作为中心，充分发挥教学研究、指导和服务等作用"。

新课改对教研工作提出新要求："以新课程为导向，改进教学研究的工作方式，提高教学研究的针对性和实效性；为教育行政部门进行教育教学的科学决策提供专业服务；帮助学校建立与新课程相适应的常规教学管理制度；认真研究和总结课程改革中的经验和问题，积极推广优秀的教学改革成果；加强教研机构和人员队伍建设，提高专业研究、指导、管理和服务的能力与水平等。"[1] 从教师专业发展的视角来看，20世纪80年代中后期，教师专业发展研究从关注教师个人实践知识的教师认知研究逐渐转向关注教师与教师之间关系的教师生态文化研究。与此同时，"教师成为研究者"思想也日益兴起。教师发展理念也为促进教研工作提出更高要求——基础教育教研室不仅要成为"课程研究中心"，而且更要变成"教师专业发展研究中心"。[2]

2003年，由北京市基础教育研究中心承办的"全国教研创新研讨会"在北京召开，由此掀起了有关教学研究工作的大讨论，推动全国教育各部门对教学研究工作的深层次思考，2005年11月13—15日，在北京召开了"全国基础教育教学研究工作研讨会"，为课程改革保驾护航，交流各地先进的教研工作经验，教研机构在课程改革中的重要作用逐渐被发现，各级教研机构也努力进行职能转变，寻求职能创新，各省、市、县（区）教研机构的职能定位逐步从"以教学为中心"变为"以课程改革为中心"，职能转变为以课程教材改革为中心的教学研究、教学指导、服务等职能。[3]

2."教研"及其相关概念

近些年来，中国在PISA测试中的成绩引起了世界范围内对中国基础教育制度的关注，其中有学者指出，"中国大陆的基础教育，若论经费、论教师学历、论学校设备等，都无法与美国相比，但是说到教育质量，最典型的如学生的平均成绩，却要比美国强得多"。究其原因便是"教研"发挥了重要的作用，关于教研活动的研究也随之受到重视。

"教研"是"教学研究"一词的简称。广义的教研是指教师对包括教学活动在内的所有教育实践的研究，包括教育、教学、管理等多个内容，宏观研究、中观研究、微观研究等多个层面，理论研究、应用研究、实践研究等多个领域。狭义的教研，通常则是指以教师为主体对具体课堂教学实践的微观研究。

1 教育部.教育部关于进一步加强和改进基础教育教学研究工作的指导意见（讨论稿）［Z］.2005-11-14.

2 朱志平.改善教研方式，提升教研水平［J］.全球教育展望，2003（8）：52.

3 梁威，卢立涛，等.撬动中国基础教育的支点——中国特色教研制度发展研究［M］.北京：教育科学出版社，2011：5.

（1）教研活动的界定

在当前研究中，主要存在如下几种教研活动的界定方式。

第一，教研是一种发展活动。教研活动主要是促进教师专业发展的活动。如薛晶认为教研活动一般是指某个教师群体，在教研负责人的组织下，以教师在课程实施以及教育教学过程中所面对的具体的教育教学问题为研究对象，以教师为研究主体，以专业研究人员为合作伙伴，以促进教师专业发展和学生发展为目的的实践性研究活动。[1]

第二，教研是一种总结活动。在该种定义下，教研主要是一种有计划、有意图的，发现总结事物规律，解决问题或改进某个具体教学情境的教学研究活动。如杜亚丽认为教学研究活动是依据教学大纲、教材，对教和学提出的教学目的和要求，针对教学实践中存在的实际问题进行研究和探索，总结出具有指导意义的教学规律的研究活动。[2]

第三，教研是一种程序活动。教研主要是为了达到目的，按一定的步骤、原则和程序进行的活动。如雷树福认为"教研活动是学校有目的、有计划地组织教师按照一定程序对具体课题的教学实践进行研究的形式"。[3]

第四，教研是一种方法活动。教研主要是运用各种方法认识和解决问题的过程。如张秋爽等人认为教学研究应该以新课程为导向，紧紧围绕课程实施中的问题开展研究；改革教学研究的形式和方法，灵活运用案例分析、问题解决、调查研究、实践探索、区域交流等多种方式，针对课堂教学出现的问题、现象进行进一步的剖析，提出建设性的意见，全面提高教学质量。[4]再如陈桂生认为"所谓教学研究，是指具体运用'教学法'指导教学，后来，由于'教学法'逐渐淡出人们的视野，教学研究实际上成为这节教材或那节教材、这单元教材或那单元教材如何教学的讨论"。[5]

第五，教研是一种推广活动。它主要是推广先进理论和优秀实践成果的运用。如王煌认为教学研究活动"主要指的是基础教育领域内的教学研究，指向中小学教学的实践，并且多以学科教学研究为主，其研究范围主要包括在关照教师的教学质量提高的前提下或基础上，围绕教师的课堂教学、教材教法的试验改革推广等方面来进行中小学教学等各个方面的研究活动"。[6]

第六，教研活动是一种实践反思性活动。它主要是指对某种已发生的行为事情，回头重新思考，从中总结经验教训。吴一含认为"教研是指教师个体或群体就

1 薛晶.浅谈教研活动与教研札记［J］.音乐天地，2006，（03）：14-15.

2 杜亚丽.谈中小学教育科研与教研的关系［J］.现代中小学教育，2001，（10）：44-45.

3 雷树福.转变教研思想　更新教研意识［J］.中小学教师培训，2007，（08）：13-15.

4 张秋爽，苏静林.教研员重在专业引领［J］.中国教育学刊，2009，（05）：90-91.

5 陈桂生.何谓中小学教师的教研与科研［J］.教育理论与实践，2008，（02）：7.

6 王煌.教研室教学研究的现状分析与对策探讨［D］.华东师范大学，2009：6.

自己或他人的教学实践进行反思，探讨的一种行动"。[1]

上述对于"教研"概念（狭义）的理解，第一种观点侧重于教研的目的，第二至第五种观点侧重教研活动的具体操作行为过程；第六种观点侧重教研活动的性质。每种观点均从不同侧面对教研的内涵进行了描述。关于活动（activity），在《现代汉语词典》中有六种解释，此处的含义是："为达到目的而采取的行动"。相比于教学研究，教研活动更强调为提高教育教学质量而采取的研究行动。

综合上述概念，本研究所指的"教研活动"，是指中小学教师有目的、有过程、有方法地分析和解决学校课程实施、教育教学过程中所面临的各种具体教育教学问题，以促进教师发展为宗旨的一种实践性、反思性的专业发展研究活动。

（2）教研活动的内容

对教研内容的研究多是以开展具体教研活动或梳理教研制度发展历程来呈现，主要有两种：一种是历史条件下，教研活动内容的变革研究，如前文所述；另一种则是具体教研活动内容的研究。

有学者将教研活动归纳为决策咨询、课程开发、教学领导、教师发展四个方面：决策咨询是指收集实践层面的资料，发现问题并分析原因，然后反馈信息。课程开发即在官方的正式课程与教师的理解课程之间搭建过渡"阶梯"，避免教师的理解课程与新课改的理念背道而驰，因而首先要解读国家课程标准，制定地方课程方案，建立地方资源库并了解基层学校的课改情况和需求，并且明确地方课程的形态。教学领导是由宏观教学领导、中观教学领导和微观教学领导三个层次构成的系统，以教研机构为中心的教学领导职能应该定位在中观层面上。首先要制定目标，做好计划；其次是管理课程与教学，进行教学检查和评价；最后要营造和谐的教学环境，促进教师发展和实现学生成长的目的。教师发展则需要研究现代教师发展观，制定区域性教师发展规划，转变教师发展的评价，并且做好教师发展的管理。[2]

有学者选取某个特定的理论视角对教研活动加以研究，依据理论视角提出教研活动应发挥的作用。如崔允漷将教研员定位为"专业的课程领导者"，教研活动应包括："① 课程设计：根据本地的实际和需求，研究、设计国家课程方案的推广，开发地方课程；② 发展服务：理解教学专业，建立合作共同体，为教师的专业成长提供平台、支持和服务；③ 专业指导：指导学校做好课程规划方案，指导教师开展基于课程标准的教学与评价，指导教师开发综合实践活动课程和校本课程；④ 质量促进：加强统考管理，研制地方统一测试框架，让统考成为促进教与学的重要手段"。[3]

总体而言，教研内容多是围绕课堂教学中因素开展，如教学、教师、课程与教材，随着课程改革深入，有关学生的"学"也逐步纳入其中。

1 吴一含.物理网络教研现状调查研究［D］.西南大学，2007.

2 肖楠楠，代建军.定位与转型：课程监控视域下教研室职能研究［J］.教育理论与实践，2012（17）：39-42.

3 崔允漷.论教研室的定位与教研员的专业发展［J］.上海教育科研，2009（8）：4-8.

（3）教研活动的方式

内容和方式是教研活动两个重要组成要素，教研内容依托于具体活动方式才得以开展和推广，二者相互依存。同一教研内容，可以有多种实现形式，其中网络教研、校本教研、听课、评课、集体备课都是热点教研方式，近些年来还出现了主题式教研、项目引领式教研等前沿趋势。但是无论是哪种形式的教研方式都是围绕课堂教学这个中心内容展开的。总体而言，对教研方式的研究主要分成两类：一类是教研模式的研究，一类是特色教研方式的探究。

"教研活动模式是将教研目标、策略、方法和程序等融为一体，把抽象理论转化为具体的操作模式，有利于提高教研活动效率。"[1]通过文献梳理发现，主要有以下几种教研模式：反思型教研活动模式、基于教师PCK发展的"理解—参与—分享—实践—反思"模式；"选课—学课—备课—说课—讲课—议课—结课"的"三阶段七环节操作模式"；"说课、看课（上课）、评课、反思"的"三课一反思的校本教研活动模式研究"；城乡学校共建的"行为跟进"教研模式；"反复式"物理校本教研模式；"问题驱动、研训一体、共同发展"教研模式以及"科组三人行区域教研模式"等。[2]关于教研活动模式的国内研究相对薄弱，多以教师参与教研活动的过程，提出"三阶段教研操作模式"为理论基础进行探讨；以解决问题为目标的"发现问题—分析问题—解决问题"教研活动模式，并且反复循环；还有针对教师参与方式，提出"教师共同体模式"。[3]

具体教研活动方式的探讨则是更加多样化。如有学者结合课堂观察LICC模式提出听评课规范化操作范式；有学者指出，说课是一种有效的教研活动并对说课进行分类，将其划分为课前说课与课后说课、集体说课与个人说课、常规说课与专题说课、竞赛说课与观摩说课；有学者通过对"集体备课"的历史梳理，澄清我国集体备课制度的由来、揭示备课存在问题的症结、厘清集体备课与个人备课的关系。也有学者对与信息技术融合的虚拟教研活动的特点、功能及组织管理方式做了详细介绍；还有学者对"小学科"进行深入研究，指出"小学科"教研活动存在的问题并提出相应的对策和建议。关于具体教研活动方式的研究主要从教研活动组织者的角度总结梳理具体教研方式的类型、内涵特点、实践方式。

（4）教研活动的评价

教研活动质量的评价，是对教师专业成长和教学效益提升所产生的正面影响。随着教研活动影响扩大，为了客观反映教研活动的成效，近年来在相关研究中加强了"教研活动评价"的研究，但是规范化、体系化的研究却非常少。目前的资料表明，教育行政部门通过制定的考评制度，记录教师参与教研活动的时间、次数、出勤率、教研活动中的表现以及收集活动记录、听评课记录、教学反思、教研总结等

1 龚兴英. 中小学教师教研活动研究［D］. 重庆：西南大学，2014.

2 李梅园. 中小学教师对教研活动认同感的调查研究［D］. 上海：华东师范大学，2018.

3 龚兴英. 中小学教师教研活动研究［D］. 重庆：西南大学，2014：10.

作为评价依据。[1]较有体系的主要是雷树福关于教研活动评价量标，设计了"选课、学课、备课、说课、讲课、议课、结课"等七个一级指标，共设计了32个指标，以及开展区域性教研机构学科教研活动的评价研究项目。[2]其他"教研活动评价"的研究，多是体现为"教师对教研活动态度、认知和认同、参与度方面"的调查，如校本教研认同感调查研究。总体而言，对教研成效评价系统研究比较少，主要以行政制度和个案式评价量表为主，但也有少部分学者开始引入教师态度和认知作为衡量教研活动成效的标准。

3. 新时代对教研工作的要求

当前，我国教育事业逐渐向着促进公平、提高质量为根本的内涵式阶段不断发展，特别是2014年教育部发布的《关于全面深化课程改革，落实立德树人根本任务的意见》提出：要根据学生的成长规律和社会对人才的需求，把对学生德、智、体、美全面发展总体要求和社会主义核心价值观的有关内容具体化、细化，深入回答"培养什么人、怎样培养人"的问题，明确各阶段学生的核心素养及学生应具备的为适应终身发展和社会发展所需要的必备品格和关键能力。[3]2017年，国务院发布关于国家教育事业发展"十三五"规划，同样重点强调了"教育质量全面提升"与"教育发展成果公平"的目标，要求做到"教师素质进一步提高，学校办学条件明显改善，教育信息化实现新突破；教育教学改革取得重大进展，学生学业水平和自主学习、终身学习能力全面提升""教育精准扶贫、精准脱贫的效果充分显现"等。[4]

实现这些教育目标的主战场在学校，而关键渠道是在课堂上。在我国教育进入内涵式发展、逐步实现教育现代化的过程中，直接面向基础教育、面向学校、面向课堂的教研体系也面临着一系列新挑战、新要求，教研活动需要在新一轮课程改革背景下实现深化发展与转型，从而达成提高教育水平、实现人的全面发展的根本目标。从现有成果来看，已经出现了新的教研活动内容与形式：

（1）教研与科研相结合，研究成果转化为培训内容

以往的教研活动中，往往科研归科研，教研归教研，始终难以解决教研与科研的融合问题。在研究方面，科研与教研的结合也使得教研更加注重科学的研究方法。从研究类型来看，教研机构的研究主要分为三类：一是实践研究或实践的行动研究，在学校与教师的教育教学实践中发现问题、提出改进措施，进行经验总结与

1 吕敏霞. 中美校本教研比较研究［D］. 上海：华东师范大学，2008：136.

2 雷树福. 教研活动概论［M］. 北京：北京大学出版社，2009：3.

3 教育部. 教育部关于全面深化课程改革落实立德树人根本任务的意见［EB/OL］. http：//old.moe.gov.cn//publicfiles/business/htmlfiles/moe/s7054/201404/xxgk_167226.html.2014-04-08/2017-05-09.

4 国务院. 国务院关于印发国家教育事业发展"十三五"规划的通知［EB/OL］. http：//www.moe.edu.cn/jyb_xxgk/moe_1777/moe_1778/201701/t20170119_295319.html.2017-01-10/2017-05-09.

对策研究是县（区）级教研机构及一线教师最常见的教研科研内容；二是哲学研究或思辨研究，主要针对教育思想、教育理论与教育政策等进行思考，帮助学校和教师理解教育改革的政策与理念等；三是实证研究，用事实和证据解释现实问题，分析教育现象，用"事实"而非"逻辑思辨"的方式论证。

（2）借助信息技术，网络教研与数据诊断开始涌现

伴随着课程改革的深化和时代背景的变革，教研工作也在自我发展中不断更新和创造，在一线的教研工作中涌现出众多符合时代诉求和课程改革愿景的教研方式。借助信息技术的发展，网络教研开始涌现并迅速发展，拓宽了教研机构职能辐射的范围，时空更为便利。利用互联网教研平台，可以便捷地组织教研活动，为广大优秀教师搭建展示教育教学研究成果的平台，促进教师综合素质的不断提高，随时随地进行学科间的研讨、交流和学习，高效便捷地开展教研活动。

另外，借助网络信息平台、数据平台与监管平台，部分教研机构的教研活动正在从传统的诠释宏观、整体的教育状况，逐渐转向充分利用大数据为教研活动提供清晰、具体的依据，教研员可以针对性地分析微观、个体的学生与课堂、教师状况，提高教研活动的针对性和效率。

（3）项目式、共同体等教研形式的探索尝试

全国各地的教研机构在长期教研工作中发现：零散的、即时性的教研活动成效较为有限，持续跟进式的教研活动往往更能达成理想的效果。上海市教研室在总结课题研究经验的基础上，以"项目"为抓手，开展"项目式"教研，从而实现同一主题下的教研活动的持续开展。通过项目引领推动学校教研、通过项目引领教研主题，以及通过项目引领破解课程教学难题，是当前项目引领式教研的主要应用方式。

还有大量实践证明，以教研共同体的方式推进教研活动，契合了教师的内心需求，实现了教学问题改进和教学经验分享。近年来，包含省、市、县、学校的教研共同体已经形成了一种上下沟通、四级联动的推动教育发展的系统结构。在这个自上而下的系统中，不同层级的教研共同体有明确的教研分工、负责不同层级的教研工作，让高质量的教研成果能够逐级推广至学校，形成了一个完整的教研共同体。

作为教研活动的新型探索，转型中的教研内容与形式的意义得到普遍认同，但是引领我国教研发展的经验主要集中在少数发达地区，辐射面较为局限。且现有研究成果较为零散，操作性不强，研训一体、信息化应用、项目式及协作式的主题教研仍处于探索阶段，迫切需要更具深度的理论指导与经验借鉴。

二、上海教研实践范式的构建

（一）转型中的上海教研

上海在教研转型上不断探索与创新，形成了教研转型发展的五个方面，勾勒出新时期上海教研的几个特色：

一是研究领域从单纯以学科课堂教学为主的教学研究，转向"课程—教学—评

价"的整体性教学研究；

二是研究方法从基于经验的教学研究，转向证据与经验相结合的教学研究；

三是研究路径从"自上而下"培训式路径，转向"自上而下"与"自下而上"相结合的参与式路径；

四是研究起点从"理论验证式"教学研究，转向"问题导向"与目标导向相结合的教学研究；

五是从个人权威式教学研究转向"合作共同体"式教学研究。

（二）上海教研实践范式的构建

课程改革强调以立德树人为核心，以认知能力、创新能力、合作能力、职业能力为重点。所要解决的关键问题是：如何建设体现课程改革要求的国家课程，如何使国家课程转化为教师理解与实施的课程，进而转化成学生经历与获得的课程。这是一个教育难题，也是教研系统亟待解决的重大课题。基于此，市教研室立足于以下几项研究工作来促成上海教研实践范式的构建与实践。

上海教研实践范式是在价值取向指引下，以内容范畴为载体、以实证方法为手段、以运行机制为保障的常态化运作模型（见图2-1）。该模型明晰了实践范式的各要素，建立了各要素的相互关系，诠释了对教研内涵的认识，提升了教研的理论高度。

其一，再塑"上海教研"的价值取向。上海教研立足学生发展，激发课程领导潜能，再塑价值取向；拓宽课程领域，开展对"课程—教学—评价"的整体性研究；强调证据意识，突出证据的积累、分析与应用；强化团队观念，树立平等、包容、沟通、合作的共同体意识。

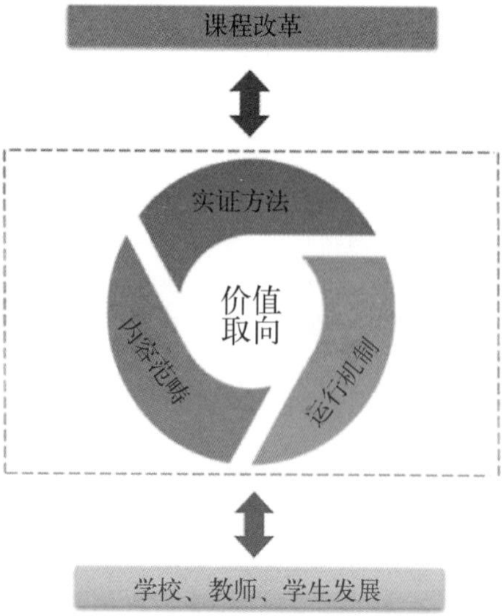

其二，创新"跨界联动"的运行机制。通过组建跨学科、跨学段、跨领域、学科教研与综合教研协同、市区校联动的合作共同体，创建"问题导向、任务驱动、沟通协作"的项目运作方式，以教研员发展评估制度作保障，提升项目实施品质。

其三，拓宽"课程视域"的内容范畴。通过文本与实践的持续互动，构建强化目标、内容、实施、评价相互关联的教研内容范畴，阐释了"基于课程标准"教学的内涵，引导教师把握教学目标，使教学走向整体化和结构化，铺设了一条国家课程校本化实施的有效路径。

其四，形成"基于规准"的实证方法。上海教研围绕课例研修、主题教研与课程

图2-1 上海教研实践范式

调研，研发以标准引领、路径明晰、证据支持、信息技术融入为特征的系列教研工具，通过"规准"和"规格"来规范指导教研活动，提升了教研品质，提高了教学质量。

　　上海教研实践范式通过文本编制和现场指导，发挥连通作用，有效服务课程改革，充分支持了学校、教师、学生的发展，诠释了对教研内涵的认识，提升了教研的理论高度，揭示了"团队智慧，经验分享"的教研机理，彰显出上海教研实践范式的引领性、操作性和公认性。

第三章　教研理论架构

一、主题教研活动中的教师共同体

(一)教师共同体

"共同体"是人类学、社会学中的一个重要概念，自德国著名社会学家滕尼斯（Ferdinand Tonnies）于1887年在其代表作《共同体与社会》中首次提出以后，共同体一词被广泛地应用于政治、经济、文化、教育等多个研究领域。

教师共同体是众多共同体形态中的一种，它是全球化教育变革及教师发展方式转变下的产物。与传统的教师发展方式相比，教师共同体更强调教师在真实的教学情境中，通过持续的合作，重新建构对教学和学习的认识[1]。作为革新学校组织的重要手段，教师共同体在提升教学实践、促进学校生态文化的转变以及应对变革的不确定性等方面发挥重要作用[2]。

简单来说，教师共同体是指以促进教师专业发展为共同愿景，教师自愿为前提，以开放、协作互助、发展为核心理念，能为教师个体、教师整体以及学校教育和社会提供良好发展环境载体的教师团体组织[3]。从定义中可以看出，共同意愿是教

1　Vangrieken K，Meredith C，Packer T，et al. Teacher communities as a context for professional development：a systematic review ［J］. Teaching and Teacher Education，2017（1）：47-59.

2　Vescio V，Ros D，Adams A. A review of research on the impact of professional learning communities on teaching practice and student learning ［J］. Teaching and teacher education，2008（1）：80-91.

3　唐纳德·R.克里克山克，德博拉·贝纳·詹金斯，金·K.梅特卡夫著.教师指南（第四版）［M］.祝平译.南京：江苏教育出版社，2007：47.

师共同体的基础，在教师群体中，如果对教育的不同理解造成教师群体缺乏统一的价值内核，就无法形成教师共同体。在共同意愿的支持下，教师相互参与合作，在实践过程中不断产生新的问题、不断磨合，形成相互依赖的关系。在教师共同体群体中，提倡各抒己见，关注少数人的意见和想法，是一种友善而和谐的群体关系，在这种关系中教师的职业关系和个人关系是相互促进的，个体义务和社会义务能够在工作中达到统一。

进入 21 世纪以来，关于教师共同体的探索更加深入，出现了教师学习共同体、教师实践共同体、教师发展共同体、教师网络共同体、教师研究共同体、学术共同体等说法。其中，比较典型的是教师学习专业共同体和实践共同体。教师学习专业共同体是以共同愿景为基础、以教育实践为载体、以共同学习合作研究为形式，从而实现教师团队和个体专业成长的提高性组织。[1] 在教师专业学习共同体中，人人都是反思者，共同体为所有成员提供了经验交流分享平台，在这里不同的观念和思想进行摩擦和碰撞，成员彼此间须对不同的观念展开对话协商，反思自我。第二种是实践共同体，它的特征是共同的参与、合作的事业及共享的知识库。教师的学习及发展本质上属于一种实践活动，故而实践共同体可对教师发展提供有益的启示。对于教师来说，无论是何种形式的共同体，其在本质上都是一种基于知识、为了知识而组织起来的联合体，都旨在通过知识的分享与共享来促进教师专业发展[2]。

教师共同体的产生有特定的情境：基于项目的聚合、基于改革的驱动、基于实践的成长。教师面对教育与教学计划的改革时往往是力不从心的，因为改革不仅需要挑战教师原来的思维方式和行为习惯，甚至还要面对保守的教育系统惯性和许多外在的压力。基于此，为共同目标而组建起来的团体应运而生。然而，因项目而汇聚在一起的教师在一开始未必拥有共同的思想，只有通过实践才能促成教师的自我反思、同事协作、相互学习，在参与和互助中达成思想的统一，构建起一个真正的教师共同体。可以说，改革是动力，项目是载体，而实践则是共同体实现自我构建和改革胜利的路径，并且这种实践看似是在为改革的项目服务，但实则也为教师个体的专业化和教师集体专业化提供了一种方略。

（二）主题教研活动与教师共同体

主题教研活动提出"合作共同体"式教学研究，强调深度参与。教师和教研员作为主题教研活动的实践者，首先是基于项目的聚合。主题教研活动是教育改革背景下产生的项目，是需要多人合作完成的任务，因此，广泛的参与和合作是不可或缺的。教师可以通过共同体，在团队中分享意见、寻求帮助、促进相互依赖，而相

---

1 王枬，顾洋.教师专业共同体构建研究［J］.民族教育研究，2015（1）：65-70.
2 李伟.教师共同体中的知识共享：困境与突破［J］.教育发展研究，2017：78.

互依赖则进一步促进教师共同体的成立。

主题教研活动构筑了一个分享实践、开诚布公、相互信任、合作创造的共同体，为教师成长提供了一种新型的学习方式。为了推进主题教研活动的顺利开展，在构建教师共同体时应关注以下几点：

1. 勾勒共同愿景——聚合教师发展的意愿

教师共同体的第一驱动力是共同意愿。共同愿景是教师专业发展共同体运行的重要驱动力，能够激发和调动教师合作的积极性和主动性，是共同体价值观的高度结晶，集中体现了共同体文化。具体而言，共同愿景是教师对未来期望的共同假设和期待。[1]

教师的个人愿景注重提升专业教学能力和职业规划的发展，核心在于提升自身的竞争力和生存状态。而共同的愿景侧重于提升教育质量，营造积极活跃的学校文化氛围，创造高效的课堂特色教学，偏重于学生的发展。在实践层面两者是否达成一致成为共同愿景形成的决定因素。如果缺少共同意愿这一要素，教师的参与就变得被动，因此，要在教师自我实现的条件下，寻求合作发展。在主题教研活动的各个环节都要组织教师全程参与，以民主、集思广益的参与方式，充分调动教师的积极性，使教师们意识到自己就是教师实践共同体的重要一员，通过参与的过程有助于提高教师的专业能力，进一步促进专业学习共同体的形成。

2. 任务与制度嵌合——培育教师发展向心力

教师共同体的长久发展需要培育有效的向心力，向心力的供给与强化至关重要。因此，在具体项目和改革的促进下，宏观制度和规范的设计与细化的工作任务的分配，对教师共同体的维系有重要影响。教师共同意愿的勾勒是共同体构建的内力，规范设计和任务配合是培育共同体发展的外力。内力和外力的推助，使共同体的成员紧密结合，加速发展。

主题教研活动强调教研活动要有规范的流程和规格，且在相应的流程和环节中都设定了具体的目标和相应需要完成的内容和任务，教研员、教师需要完成目标导向下细化的任务。专业学习共同体需要获得强有力的支持，基本的规范和模式的设计为教师共同体提供了保障，而任务的介入可以使教师参与具体的实践，在实践的过程中，共同体内的成员会遇到各种新的问题，需要相互协助解决，使得共同体需要和合作需求更加强烈，更容易形成共同意愿，教师共同体得以稳定发展。

---

1 魏会廷.教师学习共同体：促进教师专业发展的新途径［M］.武汉：武汉大学出版社，2014：123.

3. 加强知识共享——促进共同体持续发展

"共享"包括物质的共享和精神的共享，指的是教师共同体内"一整套共享的资源，包括惯例、用语、工具、做事的方式、故事、手势、符号、样式、行动或者概念"[1]。当前教师在实践过程中缺少知识共享，教师共享的意愿不强、共享路径缺乏灵活性、共享经验不足。教师共同体探讨的多为指定内容，固定讲座或讨论形式，难以调动缺乏实际经验和未参与教师的积极性。在共享路径上多为知识经验的总结和简单成果的共享，缺乏深入的思考信息的共享和获取。另外，每个教师都是鲜明的个体，如何在群体环境中恰当表达自己的想法、总结反思他人的观点，缺乏共享经验的学习和指导。

主题教研活动在加强共享的过程中，从"理论验证式"教学研究，转向"问题导向"与目标导向相结合的教学研究，让教师在细化的任务和目标框架下实际参与；改变传统的参与路径，从"自上而下"培训式路径，转向"自上而下"与"自下而上"相结合的参与式路径；从个人权威式教学研究转向"合作共同体"式教学研究，加强不同区域的校际交流，形成有效的主题教研活动模式。经验共享和模式推广是教师群体经验的总结升华，是形成群体智慧的必要条件，能够帮助教师解决实际问题，促进教师共同体建设。

二、主题教研活动中的深度学习

（一）深度学习

深度学习理论认为，学习不仅是个人感知，记忆和思维的认知过程，也是植根于社会文化、历史背景和现实生活的社会建构过程。深度学习是基于对高阶思维发展的理解性学习，它具有注重批判性理解，强调内容整合，促进知识建构和强调迁移运用的特点。深度学习需要教师和学生的相互参与，不仅学生应该积极主动地思考，还需要教师建立高阶思维发展的教学目标、整合有意义地联系的学习内容、创造促进深度学习的真实情境并选择持续关注的评价方式进行积极引导。[2]

美国国家研究协会（National Research Council）将深度学习定义为"个体所经历的一种学习过程，经由该过程个体能够掌握某一情景中所学的内容，并将之应用到另一新情景中"[3]。深度学习实际上是一系列素养和能力的上位统称。威廉与佛洛

---

1 赵健.学习共同体——关于学习的社会文化分析［M］.上海：华东师范大学出版社，2006：83.

2 安富海.促进深度学习的课堂教学策略研究［J］.课程·教材·教法，2014（11）：57—62.

3 National Research Council.（2012）.Education for life and work：Developing transferable knowledge and skills in the 21st century［M］.Committee on Defining Deeper Learning and 21st Century Skills，James W. Pellegrino and Margaret L. Hilton，Editors. Board on Testing and Assessment and Board on Science Education，Division of Behavioral and Social Sciences and Education. Washington，DC：The National Academies Press.

拉·休利特基金会[1]将深度学习所含的各类素养和能力划分为3个领域6个维度[2],具体内容见表3-1。

表3-1 深度学习的组成及具体内容

领　域	维　度	简　要　描　述
认知领域 （Cognitive Domain）	精通核心学业内容 （Master core academic content）	学生能形成对各学科知识的基本理解，并将这些知识应用到其他场景中
	批判思维和问题解决 （Think critically and solve complex problems）	学生能使用自己所学的工具和技能发现问题、提出假设并逐步解决问题
个体间领域 （Interpersonal Domain）	合作 （Work collaboratively）	学生能以团队形式相互合作解决问题
	有效的沟通 （Effective communication）	学生能厘清自己的思路，并有效地向他人沟通自己的想法
个体内领域 （Intrapersonal Domain）	学会学习 （Learn how to learn）	学生能制定和达成自己的学习目标，并监控、调整、反思、迁移自己的学习过程
	学习心态 （Develop academic mindset）	学生拥有积极的学习态度和作为学习者信念，能够坚持且高质量地完成学业任务

注：表中内容均翻译或整理自 William & Flora Hewlett Foundation.（2013）. Deeper learning competencies［EB/OL］. http：//www.hewlett.org,［2016-02-02］.

综上所述，深度学习的应用和发展包括以下几个特征：

第一，深度学习强调对学习内容的整合。内容的整合是指多种知识和信息之间的联系，包括多学科知识的整合以及新旧知识的联系。深度学习倡导者将新概念与已知概念和原则联系起来，并将它们整合到原始认知结构中，以了解新知识信息，

1　该基金会由惠普公司创始人威廉·休利特以自己和妻子的名义所创建，主要致力于通过基金赞助推动教育、人文、环境和健康等领域的研究。2010年威廉与佛洛拉·休利特基金会启动了一项为期8年的深度学习研究项目，旨在使全美学生更好地掌握21世纪所需的知识、技能与素养，以胜任其毕业后的工作、学习及公民生活。

2　National Research Council.（2012）. Education for life and work：Developing transferable knowledge and skills in the 21st century［M］. Committee on Defining Deeper Learning and 21st Century Skills, James W. Pellegrino and Margaret L. Hilton, Editors. Board on Testing and Assessment and Board on Science Education, Division of Behavioral and Social Sciences and Education. Washington, DC：The National Academies Press.

长期维护和迁移。例如，学习者在理解所学学科领域中的关键原理和关系，并能将所学的信息整合到一个概念框架中，能掌握所学学科领域中的程序性知识，并知道学科知识是如何形成的，专家是如何解决问题的，能将所学学科的核心知识延伸到其他学科的新任务或新情景中使用。

第二，深度学习重视对学习过程的建构反思。要求学习者积极地理解和判断新知识，还要利用现有的知识和经验来分析，识别和评估新的概念或问题，形成对知识的自我理解，构建新的知识序列，还需要不断审查自我建设的成果，形成积极的考核、评价和转型。基于此，学习者应为每一次学习任务制定目标，监控目标达成的过程，并就任务的达成情况和问题的解决情况调整他们的学习方法；能在学习中监控他们对所学内容的理解程度，能知道自己是否遇到疑惑或困难，能诊断出其中的阻碍，并选择合适的策略克服这些阻碍；能经常反思自己的学习经历，并能将反思所得到的启示应用到后续的学习中；愿意独立和合作地学习，并从中找到乐趣。

第三，深度学习注重知识学习的批判性理解，构建批判性思维。深度学习是一种基于理解的学习，强调学习者对新知识和思想的批判性学习，要求学习者对任何学习材料保持批判性或持怀疑态度，批判性地观察新知识，在思考的过程中结合原始认知结构，建立多重各种观点之间的联系，加深对深层知识和复杂概念的理解。学习者应该批判性地理解和辨析不同的知识和问题，能厘清自己的思路，并有效地与他人沟通自己的想法，能推理并建构出合乎道理的论点论据来支持自己的假设，并在一系列复杂的过程中坚持自己对的态度和想法。

第四，深度学习重视问题解决和迁移运用。深度学习的重要目标是创造性地解决现实问题，要求学习者对学习情境有深刻的理解，判断和掌握关键要素，并能够在类似的情况下"举一反三"，分析和判断不同情况的差异，并将原则思路迁移运用。如果知识不能应用于解决问题的新情况，那么学习者的学习只是肤浅的理解，仍然处于浅层学习的层面。学习者应该能发现问题并提出假设，能识别出解决问题所需的数据和信息，能应用所学学科中的各类工具和技能来收集必要的数据和信息，并且评估、整合及批判性地分析不同来源的信息，能基于所得的数据按需监控并调整问题解决的过程，并不断寻找新的途径来学习具有挑战性的材料或解决困难的问题。

（二）主题教研活动与深度学习

深度学习指导下的主题教研活动，需要教师在大量课堂实践经验的基础上，明确教研主题，设计出能有效触及学生心灵深处和触发学生兴趣、情感与思维的问题；聚焦教研内容，课堂尽量真实且具有探究空间；规范教研流程，强调整合和运用，协调学习目标、学习内容和学习过程；教研方法科学客观，持续评价、及时反馈，教师一定要重视形成性评价在学生学习中的价值，关注学生的学习进展并及时给予反馈，进而引导学生根据自己的学习状况调整他们的学习策略。具体如下：

1. 明确教研主题，强调深度参与（教研主题如何更鲜明）

深度学习要求学习者主动地建构知识意义，将知识转化为技能并迁移应用到真实情境中来解决复杂问题，进而促进学习者元认知能力、问题解决能力、批判性思维等高阶能力的发展。综观当下的中小学课堂，很多时候学生的学习仍处于浅层化状态。依据深度学习理论，我们判断课堂教学中学生是否进入深度学习状态，就要看他们大部分时间是在教师构建的知识框架内填空，还是进行自主的知识构建；是在教师的思维框架内开展学习，还是在教师引领下自主思考学习。

主题教研强调教研活动的主题设计，要求教师选择合适的主题，并以研究的视角设计、观察、反思、优化自己的课堂教学。在主题设计中，更关注学生知识迁移的运用、解决实际问题的综合能力以及学科核心素养的提升；在教学案设计时，更注重研究学生学习的学科思维方式，在课堂教学过程中更加关注对学生学习方式与学法的指导；在观察课堂教学时，从课堂主题结构设计整体评述、重难点突破与有效性，课堂训练设计的针对性、层次性与有效性，学生学习状态等多角度进行观察思考。唤醒了教师们的科研意识，提升了教师的科研能力。

主题教研活动倡导从"个人权威"式的教学研究转变为"合作共同体"式的教学研究，营造一种积极参与、互动共商的教研氛围，是深度参与学习过程和活动。作为主题教研活动的参与者，教师和学生都是学习者，在强调深度学习的同时要注重两者的深度参与。学习者是学习的主体，而构造互相依存并且积极和谐的学习结构有助于学习者激发内在的学习动机，更加深入地参与到学习过程中。教师的角色从"知识的教授和传输"转变为"参与、指导、监督、反思"的介入学习。在这个过程中，教师们也实现自身专业化发展的进阶，最后实现教学相长。

2. 聚焦教研内容，整合运用知识（教研内容如何更聚焦）

深度学习是基于问题的多维知识整合，实质上是知识内容的构建过程和复杂信息的加工过程，需要对已学知识和新知识进行衔接和理解的深度学习。因此，主题教研需要教师全面地分析、深入地挖掘教学内容，使内容具有"弹性化"和"框架式"特征，引导学生将知识以整合的、情境化的方式存储于记忆中，有利于学生进行有意义的知识建构、知识的提取、迁移和应用。

作为一种建构性学习，深度学习不仅要求学习者懂得概念、原理、技能等结构化的浅层知识，还要求学习者理解掌握复杂概念、情境问题等非结构化知识，最终形成结构化与非结构化的认知结构体系，并灵活地运用到各种具体情境中来解决实际问题。教师可以通过营造环境、构建情境来激发所期望的那种反应。教师控制学习经验的方法，就是通过构建有刺激的情境——能激起所期望行为的情境——来控制环境。[1]这就要求教研的内容需要促进深度学习的课堂情境，并引导学生积极体

1　拉尔夫·泰勒.课程与教学的基本原理［M］.中国轻工业出版社，2014.

验，最终达到将所学知识与情境建立联系并实现迁移的目的。

对于教师而言，及时的评价和反馈能帮助教师调整自己的教学策略，改进教学方法，提高教学质量。因此，深度学习要求教师主题教研中注重评价的价值，关注学生对内容的学习状况并及时反馈和调整，进一步激发学习动机，进一步研究和积极探索，将学习引入更高层次。

3. 规范流程，以"规格"保障质量（教研流程如何更规范）

深度学习在课堂情境中的应用会相应地引起学习者和教师之间角色行为的调整、引发教学组织结构产生相应的变化，并影响学习的效应和质量。与此同时，要求学习系统、学习目标、学习内容与结构、学习环境、学习资源和教学行为、考核机制（学习评价）等相关要素都随之革新，需要在系统梳理的基础上，对流程和规格做出规范化的引导。主题教研活动明确了教研活动的基本流程和环节，进行规范和高标准的组织。对所有的要素和规格进行具体的阐释，有助于保障活动质量、深化教师的思考和学生的理解，呈现出清晰明确的路径，有效提升教研品质。

4. 证据优化经验，技术支持保障（教研方法如何更科学）

主题教研活动强调开发和应用教研工具来开展基于证据的教研活动，基于证据的教研的核心理念是确立证据意识，通过案例、数据等一系列的证据来优化经验，提升教研效果。

深度学习是教育技术的重要诉求之一，教师在教育信息化的推进过程中处于被动的地位，对教学新技术和资源的利用率低，信息技术与教育教学契合的深度往往不够。教师对信息化技术缺乏重视，面对教学中存在的问题，可以结合目前所拥有的技术条件和资源，并在实际运用的过程中不断提高教学质量，这既是教师自身专业发展的过程，也是信息技术与教育教学深度融合的过程，更是教师持续创新发展的过程。主题教研活动充分吸收"互联网+"的理念，基于移动设备开发问卷、现场问答和评价等互动功能。在现场活动中，教研员借助网络技术迅速汇总、自动统计并及时呈现结果，实现了活动数据可视化，有助于组织者及时调整教研活动内容，突出教研活动重点，突破教研活动难点，促进教研人员的深度参与，拓展了教研时空，增强了教师的参与感，提供了一种用证据支持教研的路径。

第四章　教研活动现状调研

上海市教委教研室为切实把握当下上海教研工作实际情况，总结梳理上海教研的优势亮点，探寻上海教研提升发展之路，追问教研工作效果背后的一些影响因素，开展了一系列关于上海市教研活动现状的座谈、访谈和问卷调查。市教研室调研聚焦在教研活动的实施现状、教研活动质量的影响因素和教研有效性的提升途径开展，具体包括以下几个方面：

一是通过访谈的方式了解各区在教研转型的背景下关于教研机制（体制、制度）建设方面的经验和做法，以及存在的困难与问题。

二是通过调研教研员、教师当前对于教研活动的认识及其实施情况，梳理和总结教研经验和存在的问题。

三是结合教师自身的内部因素以及教研环境外部因素的调研分析，梳理和归纳影响教研活动的内外影响因素。

四是提炼教研经验的成果，探索提升教研有效性的途径和策略，并进一步明确主题教研活动的必要性和意义。

五是调研教研员对教研工作组织情况，探寻贴近实际需要教研工作方式和机制，进一步明确教研机构职责和可以提供的支持。

一、教研活动现状呈现

调查在上海市教委的指导下实施，区教研室参与，整个调研流程分为抽样方案设计、问卷设计、咨询研讨、组织实施、结果分析与报告撰写等几个阶段。在主题教研总项目研究方案框架下，本调查研究的抽样方案设计和问卷设计从2016年2月启动，期间先后在不同层面进行了研讨，参与者包括区教育学院院长、基层中小学幼儿园领导与教师、市及区资深教研员等，在此基础上进行了文献研究，形成了调查问卷框架和具体内容。具体问卷调查采取网络问卷的形式，于6月初在徐汇区和金山区进行预调研，并于6月下旬对其余区县进行正式调研。

（一）调研对象

本次调研的对象是上海市各区县的教研员和教师。本次调研区县教研员全覆盖；对教师进行了抽样，不同区县抽取不同学段进行调研，抽取到的学段学科全覆盖。本次调查问卷共分为两个版本，分别为《上海市幼儿园、中小学教师教研活动现状调研问卷（教师问卷）》和《上海市幼儿园、中小学教师教研活动现状调研问卷（教研员问卷）》。本次调查问卷的数据收集工作从2017年6月20日开始，至6月30日止结束。问卷内容包括教师和区县教研员的背景信息和调研三个维度上的有关信息。

本次调研教师共计7 150名，其中，男教师1 501名，占21%，女教师5 649名，占79%。调研各区教研员共计758名，其中，男教师262名，占34.6%，女教师496名，占65.4%。

（二）调研工具与研究方法

本次调研所采用的问卷分由两部分构成，第一部分为背景信息；第二部分为专题调研信息。第二部分的调研维度和一级指标如表4-1所示。其中《上海市幼儿园、中小学教师教研活动现状调研问卷（教师问卷）》第一部分有10个问题，第二部分有52个问题；《上海市幼儿园、中小学教师教研活动现状调研问卷（教研员问卷）》第一部分有12个问题，第二部分有58个问题。背景信息部分包括抽样信息与教师基本信息。抽样信息包括学校、区域。基本信息包括年龄、职务、任教学科、职称、学校性质、最高学历、学科等。

表 4-1　调研问卷维度和一级指标

调查维度	一 级 指 标
教研活动的实施现状	教研的种类/形式
	教研的频率
	教研的主题
	活动的设计
	活动的内容
	实施的过程

（续表）

调查维度	一级指标
教研活动的实施现状	参与者的情况
	环境的支持
	对主题教研的认识
教研活动质量的影响因素	教师自身因素
	活动组织者
	活动本身
	活动管理与环境因素
教研有效性的提升途径	需要怎样的教研形式
	需要怎样的教研内容
	需要怎样的教研环境

本调查研究主要采用了文献研究法和问卷调查法。对主题教研的相关研究进行资料搜集和梳理，为问卷框架制定和具体问卷编制提供基础性的理论支持。编制了问卷并用网络调研的方式收集各区县教研员和教师数据，并对数据进行了整理和分析。

（三）调研结果与现状分析

1. 教研员的角色和职能定位于指导教学实践、了解教学现状、助力教师成长。

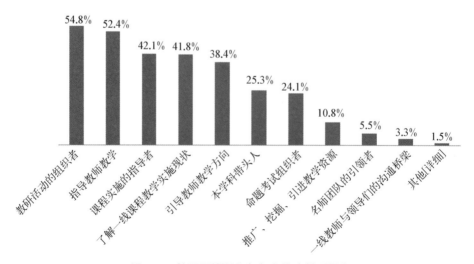

图4-1 教研员的职业角色定位（教研员）

由图4-1可知，教研员在自我定位中，其认为在教研工作中自己担当的最重要的四个角色是教研活动的组织者、指导教师教学、课程实施的指导者和了解一线课程教学的实施现状，分别占比54.75%、52.37%、42.08%、41.8%。很少有教研员认为自己的角色定位是教师与领导的沟通桥梁及名师团队的引领者。

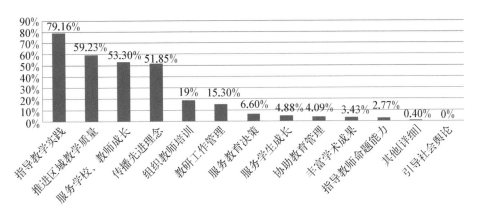

图4-2 教研员的职业价值认同

由图4-2可知，在教研员对自己的职业价值所作出的判断中，教研员认为最重要的四个方面是指导教学实践（79.16%）、推进区域教学质量（59.23%）、服务学校与教师成长（53.30%）和传播先进理念（51.85%）。

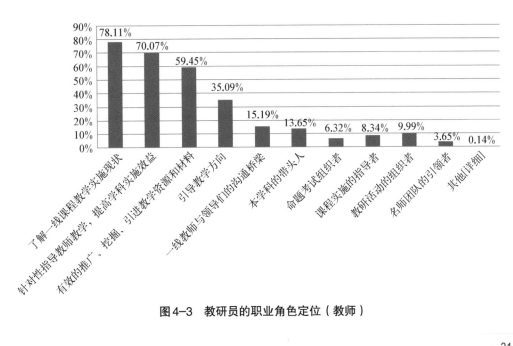

图4-3 教研员的职业角色定位（教师）

由图4-3得知，在教师对教研员的角色认识中，广大教师认为教研员的角色最重要的是了解一线课程教学实施现状（78.11%）、针对性指导教师教学，提高学科实施效益（70.07%）、有效的推广、挖掘、引进教学资源和材料（59.45%）。

综上所述，教师和教研员对教研员在教研活动中的角色和作用认同度较高，基本集中体现在指导教师教学实践、了解一线课程教学现状和组织教研培训工作上，教师还希望教研员能够更多地、有效地提供给教师先进、优质的教学资源。

2. 绝大多数教研活动主题明确、教研活动之间的主题关联性较强。

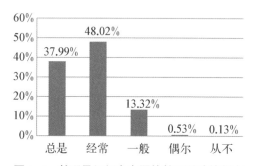

图4-4　教研员组织有主题的教研活动的频率
（教研员）

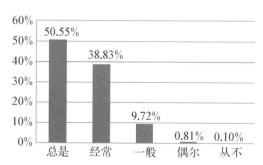

图4-5　教研员组织有主题的教研活动的频率
（教师）

由图4-4、图4-5可知，对教研员的调研中发现，有85%以上的教研员认为组织有主题的教研活动频率高（选择"经常"和"总是"的人数占比总和为98.01%）。而对教师的调研中发现，有近90%的教师参加有主题的教研活动频率高（选择"经常"和"总是"的人数占比总和为89.38%），可以看出当下绝大多数教研活动都能够有主题地进行开展。

调查发现，有85%的教研员认为其在一学期内组织的教研活动之间（的主题）存在关联性，且有78%的教研员会根据教研活动情况形成下一次活动的主题。有66%的教师也较为同意所参加的教研活动是存在关联性的，教研活动之间的主题关联性较强。

综上所述，现有的教研活动主题性较强，且教研员在组织教研活动时注意活动之间的关联性，使得整个教研活动以主题为导向并持续发展，有一定的连续性。

3. 教研员及教师参与的教研活动层级存在一定差异，教研活动组织形式均以听评课、集体备课和专题学习为主。

教研员及教师参与的教研活动类型包括市级、区级、校际、校级和备课组活动，各项教研活动参与度均在50%以上，其中教研员参与市级教研活动和区级教研活动的参与度最高，教师参与区级教研活动和校级教研活动的参与度最高。

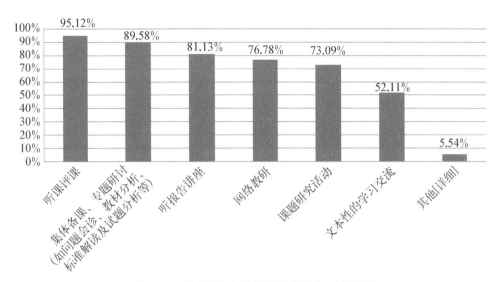

图4-6　教研员组织的教研活动形式（教研员）

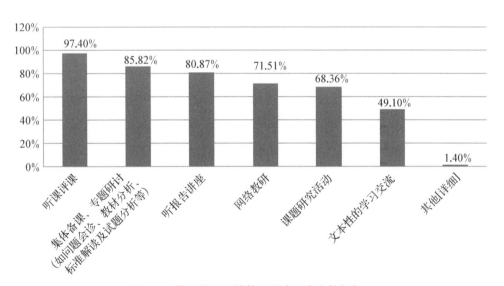

图4-7　教研员组织的教研活动形式（教师）

　　教研员与教师参加的教研活动主要有听课评课（教研员95.12%、教师97.4%）、集体备课、专题研讨（教研员89.58%、教师85.82%）、听报告讲座（教研员81.13%、教师80.87%），但是文本性的学习交流最低（教研员52.11%、教师49.1%）。

　　综上所述，教研员参与市、区教研活动为主，教师参与区、校教研活动为主，且教研员及教师参与教研活动的频率均较高。

4. 当前教研活动频率高，能够满足教师的发展需求。

教研员组织教研活动的频率，一半以上的教研员能保持两周一次，95%以上的教研员都能保持一个月至少一次教研活动，且绝大多数教研员认为目前的教研活动的次数还是相对较多的（选择"中等"与"较多"的占比有95%）。

而从教师角度来看，有近90%的教师两周内至少参加一次教研活动，可以看出除了教研员组织的区级教研活动，教师还较为频繁地参与校级、市级等其他层面的教研活动。且绝大多数教师（90%以上）都认为目前教研活动的频率已经能够满足自己的发展需求。

综上所述，当前教研活动频率较高，至少保证两周一次，教研员及教师对当前的教研活动频率基本满意，且教研活动的组织频率基本满足教师的需求。

5. 教研的信息化趋势正在凸显，借助网络开展教研成为趋势。

（1）教研员层面：

教研活动的组织过程当中，教研员善于利用网络平台辅助教研活动的展开。教研员在教研活动前、后期对于问题的收集及反馈略为缺乏，选择"经常"及"总是"的占比不足50%，但是在教研活动当中，经常借助网络平台进行讨论的教研员占比总和达到52.77%（选择"经常"及"总是"）。

（2）教师层面：

教师对于网络平台在教研活动中的使用情况回答与教研员基本一致，且教师在利用网络平台学习和传播教研活动资料方面情况十分乐观。教师选择"经常"及"总是"的人数占比之和高达71.85%，几乎所有教师都会采用网络平台传播和学习教研活动。

综上可知，网络平台正在成为教研活动的新载体，信息化的教研活动成为未来的发展方向，因此教研活动的设计也需要跟上信息化的步伐，与时俱进。

6. 教师在教研活动中积极主动性不够，以学习、倾听为主。

（1）教研员层面：

教研员在组织教研活动时，积极鼓励教师参与并发表看法，组织有效讨论。教研员选择"经常"及"总是"组织教师发表自己看法的人数和高达88.53%，且选择"经常"及"总是"组织教师有效讨论的人数占比总和为88.78%。

（2）教师层面：

在教研活动当中，教师选择"经常"及"总是"主动发表自己看法的人数占比总和为52.59%，仍有一半的教师不太愿意主动在教研活动中发言。教师多数以"学习与倾听者"角色出现在教研活动中，主动性不强。

由图4-8可知，选择"学习和倾听者"的占比最高为88.9%，其次为"积极参与讨论者"60.15%，而选择"发言或报告者"仅25.87%，教师在教研活动当中缺乏

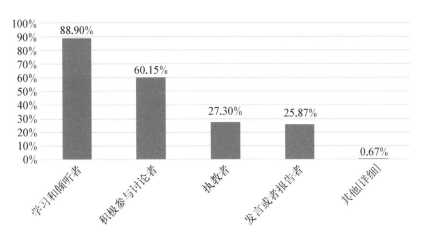

图4-8　教师在教研活动中一般扮演的角色

主动性。

综上所述，教研员会积极组织教师在教研活动中参与讨论并发言，给予老师许多发表看法的机会，但是教师在教研活动中大多仍以"学习和倾听者"的角色出现，对于活动当中的交流发言表现不是太积极。

7. 教研从基于经验走向基于实证，教研工具正在逐步成为教研载体。

（1）教研员层面：

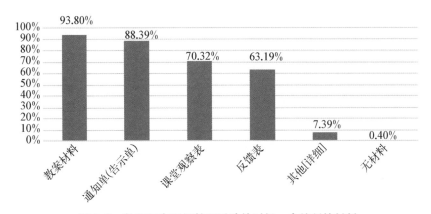

图4-9　教研员在组织教研活动的时候，会编制的材料

由图4-9可知，教研员在组织教研活动时，注重工具的使用，教案材料使用频率高达93.8%，其次通知单、课堂观察表、反馈表均超过50%，无材料的占比仅0.4%，几乎不存在。

（2）教师层面：

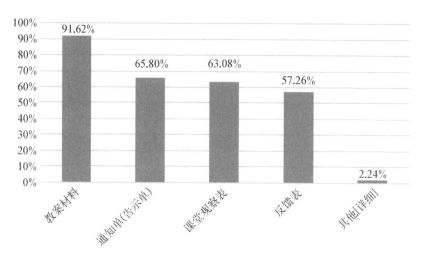

图4-10 教师所参加的教研活动，会收到的材料

由图4-10可知，教师在参与教研活动时，也能经常收到教研工具，数据与教研员的调查结果相吻合。

综上可知，在教研活动当中，教研工具的开发和利用十分普遍，教案材料占到最高比例，其余工具也都在50%以上，教研活动充分使用调研工具，引导教师观察、思考。

8. 教研活动注重后续反思，并以论文等形式呈现。

（1）教研员层面：

教研员会经常对教研活动进行总结梳理，选择"总是"和"经常"的比例高达76.51%，并以论文、口头反思等形式形成教研报告，选择同意的比例高达92.88%。

（2）教师层面：

教师会经常整理总结自己参加的教研活动材料（选择"总是"和"经常"的比例高达72%），80%的教师会根据教研活动撰写报告、论文，与教研员调研结果一致。

综上所述，教研员及教师均会对教研活动的经验进行梳理、总结，并根据教研活动的内容撰写教研报告，由此说明，教研员及教师都注重教研的反思，并会形成文本经验。

9. 教研活动注重课堂，提升教师专业技能。

（1）教研员层面：

教研活动从教研员及教师两个层面得到结论一致，教研活动主要是提升教师专业能力，并促进教学知识、观念的提升。

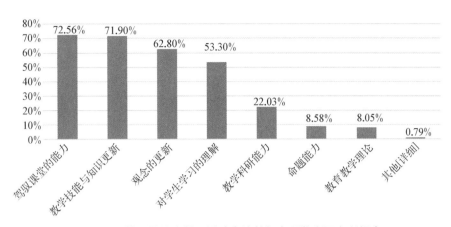

图4-11　教研员认为教研活动会让教师在哪些方面有所提高

由图4-11可知，教研员认为教研活动在"驾驭课堂的能力""教学技能与知识更新""观念的更新"三方面对教师的影响最大，分别为：72.56%、71.9%、62.8%。由此可知，教研员组织的教研活动在对教学的促进与提升上起到积极作用。

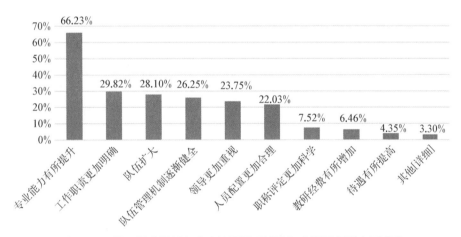

图4-12　教研员觉得近年来本地区教研员队伍建设取得的主要成就

由图4-12可知，教研队伍建设主要在教师专业能力提升上取得较大成绩，高达66.23%，但是其他方面的成就不太明显。

（2）教师层面

由图4-13可知，教师认为，参加教研活动促使教师的教学技能、知识有了更新，高达86.27%，也促进教师驾驭课堂的能力（68.39%），学科观念有了更新（55.31%）。

综上所述，教研员及教师均认为，教研活动在对教师驾驭课堂的能力、教学技能与知识更新、观念的更新方面起到极大的促进作用，同时教师从教研活动中提升

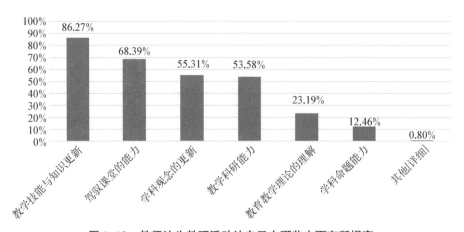

图4-13　教师认为教研活动让自己在哪些方面有所提高

了专业能力。由此可以认为，教研活动发挥的主要功能还是在教师教学上，而对科研、命题等能力涉及较少。

二、教研活动问题梳理

（一）教研活动主题不聚焦

调研发现，教研员一般认为现有的教研活动主题性较强，且在组织教研活动时注意活动之间的关联性，使得整个教研活动以主题为导向并持续发展，有一定的连续性。但根据一线教师对教研活动的认识来看，主题不够明确，多次教研活动（的主题）之间关联性不强。教研员们也认同对于主题的选择、系列主题的设计有待改进。

（二）教研活动缺乏系统设计与操作规范

纵观上海教研活动的现状，区域内、市级层面的教研活动一般具有教研流程与反馈的环节，但是普遍存在以经验为中心、缺少对教研活动的规范化设计等问题，特别是缺少前期设计、活动反馈难以促进教研的改进。

明确教研活动的基本流程和环节，是教研工作能够充分发挥改进教学质量职能的重要保障。在上海教研转型过程中，需要关注教研活动的"规范化"：通过规范流程、建立质量标准、聚焦关键要素、明确质量要求，促使教研人员把握教研方向，凸显导向作用；通过"规准"和"规格"来规范指导教研活动，使判断更接近事实，使指导有明确方向，使自查有对照标准，提升教研品质。

（三）教研活动过程缺乏深度参与

问卷结果显示，教师的教研活动的频率较高，有近90%的教师两周内至少参加一次教研活动，包括市、区、校各级的教研活动，教师对活动频次比较满意，但从教师在活动参与来看，只有三分之一左右的教师"总是""参与讨论"（29.68%）和"发表看法"（37.34%），说明教师的活动积极性不高。

随后的教师访谈发现，教师的原因各异，大体可以概括为"懒得说""不敢说"和"不知道说啥"三类。经验丰富的资深教师，对教学与教研有自己的理解，当认为教研主题对自己意义不大，往往抱着完成任务"懒得说"的态度来参与教研活动；初入职场的新教师，对教育教学的理解较为初浅，如对活动主题未做思考与准备，自然无话可说；理论与实践兼备的骨干教师，一般是活动发言的主体，不敢说的原因是怕自己说错。由此可见，选择恰当的活动主题、做好活动准备、选择多样的活动方式以及营造轻松安全的氛围，提高活动学习效率，是教研活动组织者需要思考的问题。

教研员在组织教研活动时，积极鼓励教师参与并发表看法，组织有效讨论。但是教师很少主动发表自己看法，甚至不愿意在教研活动中发言，教师多数以"学习与倾听者"姿态出现在教研活动中，主动性不强。从教师参与活动情况来看，只有三分之一左右的教师"总是""参与讨论"和"发表看法"，教师的参与度不深。

（四）教研信息化程度不凸显

互联网技术快速发展和融入，正在重新定义与优化各个行业的运作模式，教育概莫能外。借助新技术优势，提高教育教研的效率是教研工作者面对的重要课题之一。与此同时，上海高考评价以及学校选修课程的改革，教师的现场共同研修时间减少，利用网络技术实施教研亦是大势所趋。但问卷数据显示（如表4-2所示），利用网络平台工具做教研还未成气候，教研员利用网络收集问题、促进讨论和反馈信息，"总是"的比例仅为10%左右。事实上，在与教研员访谈中后发现，网络教研的运作形式还在摸索之中，现有的网络教研只是走形式化，未有实质有效的教研模式运作。

如何推进区数字化教学资源库项目，打造网络研修平台，整合文本资料、微课视频、图表工具等各类资源，为区域中师生提供丰富、优质的数字化教学资源，优化并弥补现场研修人员少、学校研修氛围的不足，这也是一项新的课题。教研活动的组织过程当中，教研员和教师们善于利用网络平台辅助教研活动的展开，同样，在利用网络平台学习和传播教研活动资料方面情况十分乐观。但是深入了解后发现，教研员在教研活动前、后期对于问题的收集及反馈十分缺乏，网络教研的运作形式还在摸索之中，现有的网络教研只是走形式化，未有实质有效的教研模式运作。网络平台正在成为教研活动的新载体，信息化的教研活动成为未来的发展方向，因此教研活动的设计也需要跟上信息化的步伐，与时俱进。如何打造网络研修平台，利用信息化手段整合教研资源，提供诊断教学研究活动的依据，优化并弥补现场研修人员少、学校研修效果差异大等不足，特别是提高教师在教研活动中的参与度，也是一个重要方向。

表 4-2　教研员教研活动中使用网络平台的情况

选项	活动前收集问题	促进教师讨论	活动中反馈
总是	7.12%	11.74%	11.74%
经常	34.3%	41.03%	41.03%
一般	37.6%	36.41%	36.41%
偶尔	17.15%	9.76%	9.76%
从不	3.83%	1.06%	1.06%

三、教研活动改进建议

在新的历史起点上，如何进一步提升教研工作水平，是当前我国教研工作面临的重要问题，本研究将立足于将上海教研的经验，从观念、内容、运作机制及保障措施四个层面，对我国教研工作的建设发展进行思考。

（一）观念层面

1. 将"立德树人"作为教研工作的根本方向

立德树人是教育的根本任务，也是教研工作的根本方向。课程、教材、教学及实践是落实立德树人的重要载体，也是最为重要的育人途径。教研工作与课程、教材、教学及实践活动密切相关，是落实立德树人根本任务的重要依托。

纵览上海教研的发展历程，上海教研始终将"立德树人"作为沁润在课程教学研究活动全过程中的根本方向及精神指引。在这一方向的统领下，上海教研一方面强调课程育人研究，把"基于标准"作为提高教学质量、落实减负增效和统整教学时空的重要基础；另一方面强调实践育人研究，把"丰富经历"作为体现育人为本、落实素质教育和尊重学生天性的重要手段。如上海教研系统在全市范围内开展了基于课程标准的教学与评价，全面推出了一周半天的快乐活动日，启动了"校长课程领导力"三年行动计划，将立德树人任务化小、分细、落实。

2. 推进教研工作的整体时代转型

在教育综合改革和课程改革深化等一系列教育大背景下，教研工作正站在新的时代起点上。由于我国传统教研工作主要以学科课堂教学的研究和指导为中心，难以适应教育工作的时代要求，这就需要进一步反思教研机构的职能，重建教研内容和机制，创新教研范式，转变教研专业人员角色，以实现课程改革的新突破。

为此，上海市全面推进了教研工作的时代转型。首先，在原有教学研究指导等职能的基础上，上海教研强化了对课程建设、学生学习、学业评价、数据分析等新兴领域的指导或研究。其次，上海市对教研机构进行了职能更新。进入新时期以来，上海教研机构逐步建构了课程教材研究中心、教学研究中心、课程德育中心、质量监测中心、数据研究中心、资源建设中心，从而形成深了化课程改革的"六大中心"。与此同时，上海市也对教研专业人员的角色进行了更新，具体表现为使教研员成为具有国际视野的课程"研究者"，成为基于课程标准的教学与评价的"指导者"，成为促进教师专业发展的"引领者"，成为专业与人品并重的"服务者"。上海教研的整体时代转型，使上海教研部门更好地发挥了在深化课程改革中的研究、服务与指导功能。

（二）内容层面

1. 推进"课程—教学—评价"整体性的教学研究

我国传统教研工作主要以学科课堂教学的研究为中心，一方面缺乏对学生、学习的关注，另一方面缺乏对课程和评价的关注。我国历次课堂教学改革，逐步确立了"以学为主"的新课程理念及整体性的课程实施方式，这要求教研工作也必须实现"课程—教学—评价"的整体性转型。

重视整体性教学研究，既是上海教研的一个优秀传统，也是上海教研在新时代背景下的创新方向。上海教学的优良传统，强调"得法在课内，得益在课外"，这促使上海教研形成了以教学促进学生发展、以教学促进学生终身学习的整体性教学传统，探索了一大批兼具深度和影响力的整体性教育教学模型，如闸北八中"成功教育"、育才中学"茶馆式教学"以及"青浦教学实验"；进入新世纪以来，上海教研进一步完成了从以学科课堂教学为主的教学研究，到"课程—教学—评价"整体性研究的转型；在这一过程中，上海教研着重探索了课程建设、学业评价、学生学习内驱力、学习主动性、高阶思维等关键领域，并形成了"课程领导力""绿色学生学业指标"等重要成果。来自上海的教研经验显示，在教研工作中结合时代特征，立足学生、立足学习，促进"课程—教学—评价"的统一，是教研工作转型发展的基本切入点。

2. 建立并推广主题教研活动范式

传统教研活动在内容层面往往存在碎片化、形式化等问题，导致教研活动一方面难以体现深度，另一方面难以和日常教学形成紧密的联系。上海教研在自身传统的基础上，整理和提炼出主题教研的活动范式，并在市级层面内对主题教研进行了推广。

主题教研活动旨在研究将教学活动中的问题，经过整理、归纳、提炼，筛选出具有典型意义和普遍意义的问题作为教研活动的主题，由教研共同体成员围绕主题开展的一系列教学研究活动。在上海教研的实践中，主题的确立体现了较强的问题导向特征，逐步形成了一套完整的、基于证据的问题筛选工具；在研究流程上，主题教研活动强调以课例为基本载体，强调教研活动的系统化流程设计与管理，强调规范化教研工具的开发和使用，强调专家和教师的联合研究，强调市、区、校协同推进；在活动保障层面，强调信息化平台的应用，构建全天候的主题教研空间。

3. 立足真实情境，坚持对教学标准及规范流程的指导

在真实情境中，强调教研工作对教师教学标准及规范流程的指导，是教研工作能够充分发挥教学质量保障职能的核心。大量针对上海教育的国际研究都指出，上海教育的基本经验是在教研活动中对教学标准及规范流程进行持续关注。

在长期的工作中，上海教研形成了较为系统的规范教学的传统，并在课程改革的背景下，对这一传统进行了传承。首先，上海教研在工作推进中，通盘考虑目标设计、结构设计、内容设计、过程设计、作业设计、评价设计等教学环节，并形成了各个环节的核心关注问题。其次，在指导过程中，上海教研注意在实际的教学情境中引导教师积极对这些问题开展实践探索，旨在关注教育教学实践中存在的真实问题，强调目标的集中性和可测性。第三，在新时期，上海教研强调课程标准对规范教学流程的基础性作用，倡导基于标准的教学。

通过在真实情境中对教学标准及规范流程的持续关注，上海教研在提升上海教育质量中发挥了不可或缺的作用。来自上海的经验显示，教研工作在深化课程改革背景下，仍需对中国教研的优秀传统进行传承和发扬。

（三）机制层面

1. 基于实证——基于证据是教研范式转型的主要特征

传统教研活动大多是"基于经验惯例的教学研究"。这种教研活动的成效，受到个人专业能力、教学风格等方面的影响，一方面难以保障教研活动的过程质量，另一方面难以确定教研成果的成效及应用价值，有时甚至陷入"唯我主义"的极端立场。教研专业人员应该"坚持和贯彻从教学实际出发的基本原则，将教学现象看作教学本身的现象，遵循严格的科学研究程序和规则"，将基于"经验惯例"的研究范式与基于"事实数据"的研究程式结合起来，经验惯例要基于事实数据，接受事实数据的佐证和检验。

为此，上海市在全国范围内，率先提出了"基于证据的教研"概念。基本程序可以概括为："提出有意义的真问题—基于经验与理论形成基本假设设计—设计搜集证据的基本工具—分析解释证据—试验并检验结论—形成基本结论，推广应用。"在基于证据的教研活动探索中，上海市开发了课程与教学"调研规准"，形

成了以课程为对象的调研工具、以学科为对象的调研，工具和以课堂教学为对象的观察工具；上海各级教研部门倡导和实践各种经验与证据相结合的教学研究。各学科把握科学研究方法的基本要素，从假设、证据及两者之间如何关联等，引导教师从关注课堂活动的基本程序走向发掘教学中的真实问题，探究课堂活动的本质。

通过上述探索，上海教研逐步改变了原有教研活动仅依赖于个体思维、个体经验的状况，探索了从基于经验的调研逐渐走向基于证据的判断的转型，形成了将经验"碎片"转化为可操作的工具，引导了区、校、教师落实基于标准的教学。

2. 项目运作——项目联合攻关是实现教研范式转型的基本策略

用项目组织教研，通过项目研究破解区域、学校存在的教育难题、促进教师成长，是上海教研的"新常态"。新时期以来，上海市教委教研室一直致力于探索项目运作的方式。根据工作需要、针对需要研究的问题、提出目标或假设、组织团队设计实践路径和研究方法、收集证据形成解释和结论，是上海教研工作中项目实施的基本范式。上海教研目前从管理办法、项目规划、实施保障三方面形成了基于项目的教研工作推进机制；从课程建设、课程实施、课程评价、队伍建设四个领域形成了基于项目的教研研究领域。

实践表明，项目运作的方式有利于聚集市、区、高校、中小学和各研究院所的人力资源，将教研室打造为人才聚集的高地；有利于扩展教研室的工作内涵与工作范畴；有利于形成市、区、校课程与教学研究合力；有利于提高研究效率，减少推广成本；有利于促进教研员队伍整体专业能力的提升；有利于发挥学校的主动性等。更为重要的是，基于项目的教研工作，为区域、学校推进相关教学改进计划提供了载体，为教师找到了解决教学关键问题的切入点和方法。

3. 基于共同体建设——以校为本和区域推进相结合是教研范式创新的实践途径

学校是教学活动的主要组织单位，也是教研活动开展的基本组织载体。以校为本是上海教研工作的最为基本的实践途径。首先，上海教研工作注意充分尊重学校层面教研共同体的建设，注意尊重学校教研组及备课组层面的自主性和首创精神；其次，区域教研部门在开展教学研究、指导的过程中，强调教研活动必须和学校的一线教学实践相结合，教研重心必须下移到关注课程的实施层面，关注基层学校和课堂的教学有效性，要对所存在的问题进行诊断、研究和指导。

与此同时，区域层面的共同体建设，也为教研范式创新提供了更为广阔的空间。上海依托市、区不同层面的名师基地、名师工作室、骨干教师团队发展计划、入职教师规范化培训基地、教师专业发展学校等载体，发挥专家和优秀教师的专业优势，推进具有重大价值和重大意义的教学研究项目。另外，上海还非常重视不同层面、跨区域的资源整合和优势互补，开展市、区、校联动的研修一体团队建设，支持跨区、校的教学教研联盟建设等。

（四）保障层面

1. 构建充足、专业、现代的教研人才队伍

教研活动的核心依托是专业教研人员的专业素养。在人事保障领域，上海教研部门形成了双线并行、岗位实践、专兼职相结合的机制，为上海教研工作的展开提供了充足、专业、现代的人才保障。

具体来说，首先，上海教研部门调整了原来的部门设置，实行了行政管理类部门与项目管理类部门双线并行的运行系统，以优化学科教研部门，加强综合教研部门，扩大项目管理部门，同时，逐步推进"一人多岗"与"一岗多人"的岗位安排措施，实现用人效益的最大化。其次，成立了由市教研室特级教师组成的专家评估与咨询委员会，对本室的发展规划、课题立项等提供建议与咨询，对市教研员的专业发展提出指导意见，对单位的重大项目和教研工作进行绩效评估，形成以业绩共享和能力水平为导向的教研员评价机制。第三，建立了岗位实践机制，形成了教研员准入标准与资质标准，明确了教研岗位、专业技术岗位、行政岗位的相关职责，完善了用人机制。第四，形成了一系列队伍建设机制：包括市、区教研员专业培训机制；市与区、上海与外省市的教研互动机制；教研员著书立说、攻读学位机制；外围专家队伍工作机制等，并初步形成了合作协助、项目委托和教研委托的工作机制。

2. 强化信息及数据技术在教研工作中的地位与作用

信息及数据技术在当今时代已经渗透到每一个行业和业务职能领域，成为重要的生产因素。在这一背景下，一方面，教研部门要积极开拓新技术、运用移动互联网思维探索传统的教研组织形式之外的新型的教研模式和活动方式；另一方面，教研部门要积极利用新技术，拓展自身的专业范畴，推进基于数据的决策咨询、学业质量监控及评价等新兴教育专业领域。

近年来，上海市教研部门借助新兴技术支持，积极探索"互联网＋教研"的多种实现路径，陆续推出了网络教研平台等教研载体，为全市教研信息的发布、优质教育资源的共享及先行典型经验的推广起到了积极的作用。教研员通过网络研修、微信评课等方式组织的教研活动，有效提升了优质教育教学资源的辐射力和影响力，取得了显著的效果。此外，在信息化研究部、质量监测中心等分支教研机构的支持下，上海教研部门研究开发了以"绿色指标"为代表的基础教育质量监测工具，实施了本市基础教育质量监测工作，并为各区县开展基础教育质量监测工作及信息化提供了技术支持和业务指导。如今，信息技术和数据技术已经在上海教研工作中占据了不可取代的地位。

第五章　主题教研活动范式构建

一、策划主题

主题教研区别于一般教研的是"主题"二字，可见主题性是主题教研的最为重要的显性特征，因此有必要厘清主题教研的内涵与外延，阐述主题教研的主题范畴以及聚焦主题的策略。

（一）主题的内涵

要厘清主题教研的"主题"内涵，需首先知晓何为主题教研。其内涵、外延如何界定？

1. 主题教研

要明晰主题教研之内涵，需要明白教研和一般研究的差别，以及时下的教研存在的问题。

（1）教研与研究

前文已有提及，本研究所指的"教研"，是指中小学教师有目的、有过程、有方法地分析和解决学校课程实施、教育教学过程中，所面临的各种具体教育教学问题，以促进教师发展为宗旨的一种实践性、反思性的专业发展研究活动。

相对于一般研究而言，教研的不同之处主要有：一是教研有研究团队与教师团队两个团队，更多着眼于教师团队的发展；二是教研更关注教师的成长，把教研当做一个学习过程，当作一个经验汇聚和传播的过程；三是教研强调共同体，强调研究内容促进每一位老师的成长。可以说，教研是以一定的形式，让参与者通过自身的实践、思考、展示和分享等活动获得专业提升的活动。

（2）一般教研之不足

2016年上海市教研活动的调研问卷结果显示，近90%的教师两周内至少参加一次教研活动，可见当前教研活动频率较高，至少保证两周一次，但是在随后的教师访谈中发现，时下的教研普遍存在以下问题：

一是教研活动整体规划性不足。教研活动计划每个学期制订，但缺少系统规划，教研关注的是一个具体学习活动，缺乏对研讨内容的提炼与归纳，对教研活动没有整体和系列化的思考。

二是教研活动教师参与度较低。教研活动组织者负责制订活动方案、实施教研活动，由于条件限制，活动形式单一；从传播角度来看，教师缺乏参与热情，参与分享的教师及研有所获的教师相对较少。

三是教研活动无主题欠反思。研究始于问题，问题是主题教研活动的出发点。但教师缺乏从问题上升到主题的能力，因为不是主题研讨，缺乏系列安排，活动有效性就大打折扣。

（3）主题教研的提出

基于对一般教研的反思，主题教研理念应运而生。主题教研强调系列化、持续改进的、小团体研究和大团体分享相结合的教研活动。主题教研活动是源于教师的需要，以问题驱动，有着鲜明主题的教研方式；它围绕教师教学的具体问题，以问题解决为目的，学科教师全员参与的教学研究活动。

2. 主题教研的主题

"主题"是教研活动的灵魂，没有"主题"的教研活动，难有深度。2016年的上海市主题调研结果显示，90%教师都认为他们参加或主持的教研活动有主题。暂且不谈教师在答卷中是否存在对"主题"与"问题"的不清晰辨识的现象，本文的主题教研的"主题"，指向的不止在主题有无层面，而是主题是否明晰以及是否有系列结构性主题群。

（1）主题非问题

主题来源于问题，但不等同于问题。从问题到主题，一则需要具备敏锐的眼力，能发现教育教学问题，二则要有教育理论底蕴和提炼概括能力，能将相似问题加以筛选归属为典型问题。

（2）主题需明晰

主题需明晰是一个常识，但本文指的主题明晰，不仅意指主题自身的明晰、也指向主题教研过程中活动、活动评价皆须基于主题，以主题目标的达成为主旨，以主题贯穿活动之始终。

（3）主题有结构

主题教研倡导的主题有结构，有两层含义：一是指主题内容的结构性，主题教研是结合课程目标的要求、教师专业发展的需求和教育教学实际问题，有步骤、有计划的主题系列结构群，每一次互动主题既具有相对独立性，主题之间内容也存在着连续性、序列性；二是指主题教研活动的系列结构性，起点是问题解决，过程是问题解决的具体方法和策略，终点将是教研主题的解决落实和目标达成。

总之，主题是教育教学实践当中的典型性问题，或是教育教学改革当中值得探索的课题，是对问题的提升，是主题教研的起点与终点，同时具有一定的结构化和系统性。

（二）主题的来源

主题教研的主题从何而来呢？不同的视角得到不同维度的主题。从学科角度来分有语文教研主题、数学教研主题等；从不同层面来分有宏观主题如微观主题[1]，宏观主题也称综合类主题，往往是学校层面的问题，微观问题可以是学科类主题，可以是个性化主题，也可以是临时性主题。不同的分类标准有不同的主题分类，其他分类标准，不一而足。本文主要从主题之功用视角分成课程改革探索主题、教育教学实践主题、教师的专业发展主题三类。

1. 课程改革中的主题

在国家课程改革过程中，有许多待答问题需要探索。例如学校如何落实国家课程相关主题。国家课程是统一的要求，但学校学生的层次是有差异的，因此从国家课程标准的要求到具体课堂教学，中间需要课程标准文本解读与校本化过程。可以将《基于标准的教学指南》《基于标准的教学与评价》作为研究的大主题，然后在大主题下分解若干小主题，作为主题教研的主题内容之一，帮助教师提升基于标准的教学水平。

要注意这种目标导向式主题，教研团队包括研究小团队以及教师团队都要形成共识，教师首先要认可主题研究的意义。如数学学科中的"问题解决"主题，首先通过我们的主题教研活动，让教师认识到问题解决能力对提升数学教学质量的重要性，其次再讨论研究主题的内容以及形式，最后再去实践，探索问题解决能力提高对数学学科能力的影响，反思主题教研的设计与实践成效。

2. 教育教学实践中的主题

教育教学实践主题是从教师在教育教学过程中遇到的困惑中概括出来的问题，教研主题源于教学问题，教师在教学实践中遇到教学问题时就会产生随机教研话题，当随机教研话题沉淀到一定数量后，对这些话题进行归类分析就可产生教研主题。教育教学实践主题只要目的是问题解决，主题研究目的是探求解决这些问题的有效策略。如，"课堂提问的观察研究""学生高阶思维的培养策略""如何激发学生的学习动力""如何提高复习课的效率""关于小组合作学习方式的研究"等主题

---

1 徐国政. 主题教研中主题确定的策略［J］. 教学与管理，2008（11）.

教研活动，都以解决具体的、真实的教学问题为根本任务，从而适应中小学教师专业发展的根本需求。这类主题教研的主要形式是课例研究。

这类主题教研需要注意：一是分析教育教学实践问题是否具有创新性和应用价值，了解同类教研主题研究的前沿地带，明确教研的目的和意义；二是教研主题的可行性，如能否获得专家的指导、经费来源以及预计的开支以及资源的支持等人力、财力和物力三方面的可行性。

3. 教师专业发展中的主题

教师专业发展主题是指由于教师岗位履职能力发展要求，以及随着互联网技术在教育中应用，教师需要提升的能力。如教师如何设计学案，如何指导学生运用学案培养学生终身学习的习惯，这些问题都可以成为教研活动的主题；又如随着教师专业标准的提出，以及互联网对教育冲击，针对教师评价能力和数据素养不足的现状，开展"教师评价素养发展研究""教师数据素养的养成"等主题研究。

（三）主题的形成步骤

1. 初拟主题

根据本文的主题分类，主题选择范围有三：一是从教师教育教学疑难问题中寻找主题，教研员可以从现场调研和网络平台收集教学问题；二是国家课程实施中存在的误区，发现并纠正问题，提升教师落实课程标准的能力；三是从教师专业发展需要中发现主题，关注脑科学、心理学以及学科发展等新的研究成果，帮助教师提升履职能力。从这三个途径中，初步拟定主题。

2. 论证主题

主题论证主要基于可行性和创新性两个方面，论证主题包括三个方面：一是初拟主题是否有足够的理论与资料支持；二是了解主题研究现状，不做重复研究；三是研究时间与空间等问题。

3. 主题预设

主题活动开展前有必要做预设：一是预设子主题，主题可以分解出哪几个子主题；二是研究成果以及成果形式预设，这样的教研才会研而有果，系列化、主题化教研的实践成果与文本成果才会水到渠成。

（四）主题的聚焦策略

1. 集思广益，聚焦主题

活动组织者在大主题与确定具体主题之间，可以采用问卷或访谈的形式，收集教师对大主题下的问题和兴趣点，集思广益，结合教育目标的要求，确定有助于教师专业发展的具体小主题。

2. 活动告示，有备而来

活动组织者在主题教研前发放活动告示单，活动告示单内有活动主题的名称、教师要承担的主题发言内容以及要求，使参与者对于活动主题提前进行较为深入地思考，收集教育实践中围绕主题的困惑与问题，做到有备而来。

3. 专题研讨，有的放矢

主题教研活动将专题研讨作为专门的活动环节，留出较为充裕的时间为全体人员提供交流、对话的机会。这一环节要求参与活动的每一个人既是学习的参与者又是学习资源的提供者，是教师将实践与反思相互联结的行动学习，也是能产生积极有效的人际互动的培训方式。

在主题教研活动开展之前进行反复研讨和磨课，集思广益，提出修改意见；举办专题研讨，为全体人员提供交流、对话的机会。主题教研活动要求参与活动的每一个人既是学习的参与者又是学习资源的提供者，是教师将实践与反思相互联结的有效组织方式。

4. 活动评价，调整主题

主题教研活动后，可依据互联网平台和软件技术对教研活动的实施效果做出准确判断，通过数据结果的呈现真实反映现阶段取得的进步或存在的缺陷，结合原计划中的后续主题，提出下一阶段的研究主题。

二、设计规格

对活动流程、环节内容等做出预设是开展教研活动的基本前提，作为具有主题性的主题教研活动，更应对其提出更高的要求，使得主题教研活动的整体实施有章可循，实施过程更为规范。因此主题教研活动构建了"主题教研活动流程"（见图5-1）及"主题教研活动流程与规格表"（见表5-1），包括主题教研基本流程的关键环节（策划、设计、实施、反思等）要求，以及基本要素（目标、内容、对象、路径等）的规格水平，将保障活动质量的内在要求融于活动各环节中，形成主题教研活动的流程规格，为主题教研活动的开展提供明确的路径指导原则，保障教研活动顺利开展。"主题教研活动流程图"旨在提高对主题教研准备阶段的重视程度、提高实施阶段的深度参与性、总结阶段的反思和成果利用的有效性。

主题教研活动明确了教研活动的基本流程和环节，并对每一个环节的要素和规格进行了具体的阐释，将保障活动质量的内在要求融于活动各环节中，有助于教研人员明确自身职责，持续深化对于活动的思考，体现了明晰的路径。主题教研活动通过规范流程、建立质量标准、聚焦关键要素、明确质量要求，促使教研人员把握教研方向，凸显导向作用；通过"规准"和"规格"来规范指导教研活动，使判断更接近事实，使指导有明确方向，使自查有对照标准，进一步提升教研品质。

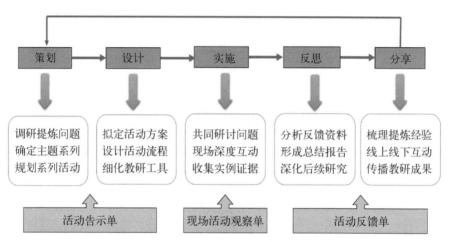

图5-1　主题教研活动流程

表 5-1　主题教研活动流程及规格表

流程与环节	要素和规格	目　标	内　容	对　象	路径／方法
前　期	策　划				
前　期	设　计				
中　期	实　施				
后　期	反　思				
后　期	分　享				

"主题教研活动流程与规格表"包括2个维度，一个是活动实施的关键环节，另一个是各个环节的关键要素，在每个环节的具体要素中提出明确规格。主题教研活动本质是教研活动，因此包含教研活动的基本环节——策划、设计、实施、反思、分享，每个环节在预设时需要考虑的四大要素（目标、内容、对象、路径／方法）。

"策划"是指活动前期，对连续的、一系列的教研活动的整体性策略筹划。在主题教研活动中"策划"环节，需更多考虑"活动"与"活动"之间的结构与关系，侧重于策划一个学期的系列活动。

"设计"是指活动策划完成后，对具体的一次（本次）教研活动的合理规划，详实布局。在主题教研活动的"设计"环节，需更多考虑"环节"与"环节"之间的结构与关系。

"实施"是指活动中期，对"设计"环节所预设的四大要素（目标、内容、对象、路径/方法）的具体落实和推进。在主题教研活动的"实施"环节，需更多考虑目标的达成度、内容的匹配性以及教师的参与度。

"反思"是指活动后期，基于实证（活动中工具量表的数据）；基于标准（活动前策划与设计环节的目标）的内省认识活动。在主题教研活动的"反思"环节，需更多考虑对活动前期和活动中期相关要素的回应，依据教研效果的反馈情况对下一次活动"设计"环节的再优化。

"分享"是指在"反思"环节之后，通过物化的成果，或是信息平台将活动的经历与经验传递出去，以共享事实、观念和态度的过程。在主题教研活动的"分享"环节，需更多考虑活动的影响力，凸显参与者的获得感。

在主题教研活动的具体环节实施过程中，针对每个环节的四个要素做出相应的规格要求。

1."策划"环节的规格

作为主题教研活动的前期规划，"策划"环节的目标应该是立足于整个学期，保证主题教研活动的整体规划性，同时也应聚焦教研当中的具体问题，将具体的问题提炼为概括性的主题，以主题推进的方式完成整个学期的教研活动，使得整个教研活动具有连续性、完整性。主题教研活动所策划的内容也需紧扣目标，细化分析目标当中的主题，确立最需要、有可能解决的主题，并对教研主题进行分解，规划每次教研活动的内容，同时针对目标中的问题进行分析，寻找原因，有助于更好地实施该主题的教研活动。在主题教研活动的策划环节也应注意对象的选择，根据活动的目标与内容确定活动参与群体（如教研员、教师等）、目标受益群体（如教师、学生等），保证教研活动更具针对性。主题教研活动的策划当中同时需要考虑路径/方法的选择，预设活动主要的推进方法，促进活动更为有效、顺利地开展。

2."设计"环节的规格

主题教研活动的设计环节落脚在具体的每一次教研活动，因此它的目标是如何拟定一次教研活动的完整方案，同时对教研活动的组织安排进行规划。主题教研活动的设计环节需要完成活动程序的编制，形成具体的教研活动方案，同时设计活动中的工具（如告示单、观察表、反馈表等）。主题教研活动的对象需要在设计环节进行确认，明确核心参与群体的人选（如主持者、执教者、点评者等），细分本次活动的参与者（通知对象）。主题教研活动的实施路径在设计阶段也需要预设，根据教研内容设计本次主题教研活动的方法（如看课评课、微报告、专题研讨等），同时也要进行必要的预研究（如试教、文献研究、梳理概念等），保证整个教研活动稳步推进。

3.“实施”环节的规格

具体一次主题教研活动在实施时也需要清晰的目标引导，主题教研的方案落实程度直接决定实施环节的目标的达成情况，以此提高主题教研的实效和时效。主题教研活动的实施过程当中，核心的内容就是对设立的问题进行研讨，注意过程当中对经验的提炼与成果的凝练，达到经验可分享，成果可推广。主题教研活动的所有参与者作为教研活动实施的对象在活动当中要注意现场深度互动（如小组讨论）、媒体跨时空互动，这都是主题教研活动当中值得提倡的互动方式，能够促使教研活动的实施更加高效。

4.“反思”环节的规格

一次主题教研活动结束后，要对活动本身进行反思，反思的目的：一是为了审视本次教研活动的效果，二是为了思考后续教研主题。对教研活动的反思主要包括整理、分析反馈资料，形成活动总结报告，确立后续研究方向三方面。主题教研活动的反思主要是为了更好地为本次活动的参与人群以及活动的目标人群提供更好的后续教研活动。反思的依据是运用教研质量评估工具调研的结果及教研员自身的教研实践经验，二者结合为主题教研活动更好地达到反思成效提供途径。

5.“分享”环节的规格

主题教研活动的成果需要分享才能将其效益最大化，因此分享的目的要放在传播教研的成果、扩大教研的影响力上。分享不是简单地做宣传，而是要撰写、发表教研总结报告，使得教研成果具象化，设计、编辑现代化传播方式，为教研成果传播提供载体，从而促使本次活动的参与者甚至市、区、校的目标群体都能受益。关于分享的途径，可以借助杂志、书籍等实体媒介，也可以借微信平台等虚拟媒介进行成果分享与传播。

在实践当中，教研员以“主题教研活动流程与规格表”为依据，规范教研活动，例如教研员按照流程中的五大环节设计教研活动，保证了活动实施的完整性，明晰了教研活动环节；依据每个环节的要素（目标、内容、对象、路径等）设计教研活动内容，提升了环节落实的有效性，提高了教研活动规格。

“主题教研活动流程与规格表”是构建“主题教研活动范式的基本框架”（具体参见“实践导引”篇）的基础与脚手架。为主题教研活动建立了严格的质量标准，帮助教师围绕课程教学实践中的真实问题，针对学科教学发展的特定需要，以及课程实施的具体问题开展教研活动，从而提高区域和学校的教育教学质量，让教研活动在强化教育质量提升，促进内涵发展中产生更加真实的、深远的意义。

三、应用工具

上海市在全国范围内，率先提出了“基于证据的教研”概念，其中的一个环节是设计搜集证据的基本工具。而教研活动中的工具表则发挥了这一作用。明晰有效的工具表的内容并有效运用工具表有助于提升主题教研活动的质量。

在主题教研活动的设计与实施过程中，工具表的开发和使用有利于活动参与者围绕活动主旨和关键问题进行广泛讨论和相互学习借鉴，有助于教研活动实施的精细化，有利于活动参与者把握教研活动的主旨，凸显教研活动的目标。

本研究通过文献研究和行动研究提炼了主题教研活动的工具表，如告示单、反馈单等，明晰工具表中的关键元素；通过行动研究探索主题教研活动工具表的使用形式和方法，通过行动研究验证主题教研活动工具表在具体教研活动中发挥的作用。

（一）常用教研工具的类型

1. 课堂观察量表

为了改变听评课等教研活动中教师仅凭经验或感觉对课堂教学和学习活动进行观察和分析的状况，就需要在听评课活动中引入比较客观、科学的工具，而课堂观察量表就是其中一种比较常见、有代表性的工具。工具的有效性和科学性直接决定观察结果的真实可靠性。通过课堂观察量表，可以将听课数据转化为对课堂的分析，使听评课活动更有意义。

教师可以根据经验，针对某个具体问题，开发比较简单的观察量表。比如，观课教师想了解学生的合作讨论技能，就可以通过记录技能的频次了解小组成员对合作讨论技能的理解与运用状况，并据此对每个小组提出有针对性的建议。

教师也可以结合理论与课堂实践经验，开发针对某学科或面向所有课堂的比较系统、复杂的观察量表。LICC课堂观察范式是其中典型的例子。LICC课堂观察范式将课堂分解为"学生学习""教师教学""课程性质"与"课堂文化"四个要素，将每个要素分解成5个视角，再将每个视角分解为3—5个可供选择的观察点，形成了课堂观察的"4要素20视角68观察点"。同时，LICC课堂观察范式规定了课堂观察的程序，即课前会议、课中观察与课后会议，保证了研究的针对性与延续性。LICC课堂观察范式是对课堂比较全面细致的分析框架，并经过十多年的使用和实践。

2. 基于网络的平台或软件

随着信息技术的发展，在教研活动中借助网络技术工具，如网站、即时聊天工具（如QQ、微信等）、博客、自行开发的教研研修平台等变得越来越常见。教研活动的信息化使得教研活动的组织、管理、资料收集积累等更加便捷。网络技术工具的运用有以下几个优势：突破时空及人数限制；共享丰富教学资源；强化即时性信息传播。

借助网络技术工具，可以开展网络教研，如在线听课、评课等；也可以将网络技术工具运用到线下教研中。如上海市某区教研员在线下教研活动中，借助区自

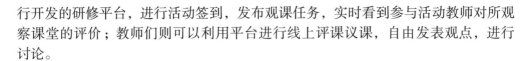

行开发的研修平台，进行活动签到，发布观课任务，实时看到参与活动教师对所观察课堂的评价；教师们则可以利用平台进行线上评课议课，自由发表观点，进行讨论。

3. 其他引导性文本材料

为明确教研活动主题，提高教师参与研讨活动的主动性，提升教学研讨活动的质量，教研活动组织者在教研活动过程中常常会设计一些引导参与者围绕研修目标展开研讨、思考的文本材料。其内容一般由四个部分组成：告知研修目的；提示共同关注的要点；设计需要思考的问题；明确需完成的任务。

在教研活动实施前，为使参与活动的教师了解活动目的、有准备地介入研修活动，告知参与者活动主题、流程，为参与者准备学习材料，请参与者思考一些问题等。在教研活动实施过程中，为促使教师深度思考和负责任地交流，会为参与者提供聚焦研讨主题的共同关注的问题、课堂观察表等。在教研活动实施后，为提升参与者对研究主题的理解和反思、总结活动中的问题和经验，活动组织者会为参与者布置"作业"，请参与者对活动进行评价等。

（二）主题教研活动的工具表

根据活动前、活动中、活动后这一时间维度，我们认为主题教研活动中常用的工具表主要包括活动告示单、活动任务单和活动反馈表这三种工具。

活动告示单的主要作用是让活动参与者在主题教研活动开始前对活动有一个比较清晰的认识，如明确活动的主题，对活动的背景资料等有一个初步的认识等。在活动告示单中，主要包括基本信息（活动时间、地点、出席对象、活动主题、活动过程安排等）、选题动因、活动效果预估、活动资源这些元素。其中，选题动因和活动效果预估有利于活动参与者把握活动主旨，了解活动背后的理论和实践方面的背景资料。

活动任务单是教师参加活动过程中需要完成的任务列表，包括活动前的任务，如浏览相关资料、明确活动任务；活动中的任务，如完成现场互动问答、对活动具体环节进行即使评价等；活动后的任务，如继续研讨活动现场互动的问题、浏览活动相关资料等。

活动反馈表是活动参与者根据自身体验对主题教研活动进行评价反馈的表格，有利于参与者活动后的反思和活动设计者、组织者进一步审视和提升活动质量。主要包括基本信息（活动时间、活动主题等）、观察点、活动的亮点、对活动的建议。其中在观察点这一项，参与者可以从活动的主题确立、目标制定、活动设计、过程呈现、活动效果五个方面对活动质量进行举例说明和评分。

（三）主题教研活动工具表的使用

教研活动对教学工作的推进与教师的专业发展具有持续的影响力。这要求我们不仅要关注教研活动本身的设计，还需要注重教师活动前后的深度参与。简单来说，活动前，教师们需要明晰主旨，带着问题进入活动；活动中，教师需要明确任务引领；活动后，教师需要深入讨论和反思。主题教研活动中，为提升活动质量，方法和形式有很多，而工具表则能够为这些方法和形式提供有效支持。

活动前，组织者可以利用活动告示单和活动任务单，表明活动的主旨和目的，提出一些具体要求，如要求参与活动的教师查阅课标、教参等参考文献，进行自我思考，然后带着问题与体会进入活动。

活动中，组织者可以利用活动任务单，对主题的分项研讨内容与课堂观察作适当的分工，使教师能在把握教研活动主旨和关键问题的情况下参与活动，使整个研讨活动有质量、深入地推进。

活动后，组织者可以利用活动任务单和活动反馈表，一方面参与的教师们可以就学习活动体验进行梳理，彼此交流心得，另一方面又可以实现教研有痕的目的，让更多没有参加本次活动的教师共享这些心得。同时组织者可以根据参与教师的意见进行活动反思和设计改进，进一步，组织者可以根据一次教研活动中的问题设计或调整下一次的教研活动主题，促进教研活动主题的系列化。

（四）主题教研活动工具表的作用

其一，工具表的设计和使用有助于凸显教研活动的主题。主题教研需要以规范化教研为基础，强化工作研究。而在以往的教研活动中，参与活动的教师往往只知道教研活动的标题和示范课的标题。在主题教研活动所使用的工具表中，我们突出强调了活动告示单中的选题动因、活动效果预估和活动任务单中的活动前任务列表。通过这些材料，教师即使并没有额外查阅资料，在进入活动前对活动主旨和要讨论的关键核心问题也会有一个大概的把握。

其二，工具表的设计和使用有助于主题教研活动设计和实施的精细化和规范化。主题教研活动中使用的活动告示单、活动任务单和活动反馈表使得活动的设计和实施有章可循，清晰明了，有助于降低主题教研活动设计和实施的随意性。活动告示单的设计有助于保障活动环节的设计始终围绕明确主题下的几个关键问题进行，而活动反馈表有助于活动设计者了解活动实施的质量，明确改进方向。活动告示单和活动任务表有助于参与教师在活动的各个环节中围绕关键问题进行思考和讨论，并为教师发表见解、互相交流提供机会与平台。

其三，工具表的设计和使用有助于教师广泛深度参与活动。在之前进行的上海市教研活动现状调研中，教师选择"经常"及"总是"主动发表自己看法的人数占比总和为52.59%，仍有近一半的教师不太愿意主动在教研活动中发言。教师多数以"学习与倾听者"角色出现在教研活动中，主动性不强。而教师对教研活动的参与程度很大程度上决定了活动的有效性。一个好的教研活动能够激发教师的参与热情、诱发教师的深入思考，把研讨的问题与解决自己的实践问题紧密地联系起来。贯穿于整个教研活动中的工具表使用，特别是用信息技术手段运用这些工具表时，为方便、有效地提升教师参与的广度和深度提供了可能性。

活动告示单和任务单让教师在任务意识的驱动下，增强对活动的关注度和参与度，为教师彼此交流，进行思想和经验的交换提供平台，能有效拓宽活动的参与面，提升深度交流的可能性，激发教师参与活动的主动性。活动反馈表则为组织者和参与者就活动设计和实施质量的交流提供了机会，有助于活动组织者了解全体参与教师的想法，有助于后续活动设计和实施的针对性和有效性。

四、信息化环境

21世纪是一个信息化时代，国家高度重视教育信息化的建设，中共中央、国务院印发了《中国教育现代化2035》，这是中国特色社会主义进入新时代，党中央、国务院作出的重大战略部署，是贯彻落实党的十九大精神和全国教育大会精神、加快教育现代化的重要举措。其中重要的战略之一就是加快信息化时代教育变革。建设智能化校园，统筹建设一体化智能化教学、管理与服务平台；利用现代技术加快推动人才培养模式改革，实现规模化教育与个性化培养的有机结合；推进教育治理方式变革，加快形成现代化的教育管理与监测体系，推进管理精准化和决策科学化。

为了适应信息化社会的发展新形势，推进教研转型，提高教研质量，我们必须发挥信息化技术在教学研究中的效用。有学者提出，"网络通过加深了的和扩大了的课堂教学专长以及新的领导作用，为教师经历职业生涯的成长提供了一条途径……它们为教师提供了动力去挑战现行的教学实践，在专业上取得进步"[1]。伴随着课程改革的深化和时代背景的变革，教研工作也在自我发展中不断更新和创造，在一线的教研工作中涌现出众多符合时代诉求和课程改革愿景的教研方式。

基于大数据的时代背景，主题教研活动充分吸收"互联网+"的理念，通过网络的方式，以时间换空间，让更多的人去参与和互动，让没能在现场发言机会的人能够在网络上发言，指向深度参与、促成时空拓展。互联网技术的革新，迅速发展拓宽了教研机构职能辐射的范围，时空更为便利。利用互联网教研平台，可以便捷地组织教研活动，为广大优秀教师搭建展示教育教学研究成果的平台，促进教师综合素质的不断提高，随时随地进行学科间的研讨、交流和学习，高效便捷地开展教研活动。

在主题教研的现场活动中，组织者基于移动设备开发问卷，实施现场问答，完成及时评价等互动功能。教研员借助网络技术和相关教研工具，迅速汇总教研活动现场产生的实时数据，利用计算机技术自动统计教研活动互动信息，并及时面向教研活动参与者进行结果呈现，实现了教研活动数据的可视化，为教研活动组织者提

1　Lieberman，A. & McLaughlin，M.W. Networks for Educational Change：Powerful and Problematic ［J］. Phi Delta Kappan，1992，73（9）：673-677.

供信息支持，为教研活动参与者提供教研材料辅助，有助于组织者及时调整教研活动内容以及帮助教研活动参与者反馈、交流活动信息。同时，主题教研活动可借助互联网平台和软件技术对教研活动的实施效果做出准确判断，对教研活动进行实时监控，给予教研活动组织者实证支持，通过数据结果的呈现真实反映现阶段取得的进步或存在的缺陷，然后为组织者提出下一阶段的教研目标提供证据支持，为合理地修改和规划主题教研活动提供可视化和可比较的数据支撑，尤其是可视化的数据能够直接而精准地评价主题教研活动的实施情况，做出高效的评价。

泰勒强调课程编制是一个持续的过程，在编制材料和程序时，要进行试验，并评估结果，指出其中的不当之处，提出改进的意见；然后重新规划、编制课程、重新评估；在这种持续的循环圈中，课程和教学计划有可能在数年中不断得到改进。通过这样的方式，我们可以期望拥有一个越来越有效的主题教研活动的计划。

借助信息化的技术支持，基于可视化数据，实现基于证据的教研指导与改进，从而，提高教研工作的科学性和有效性。从传统的注重案例分析和经验总结，逐渐与数据量化分析相结合，开展实验研究、调查研究、访谈研究、案例研究等基于事实和证据的教学研究，为教研活动提供清晰、具体的依据，提高教研活动的针对性和严谨性，实现从过去基于经验的教学研究向基于实证和数据的教学研究的转型，引导教学研究工作走向更加科学化和专业化的轨道。依托信息化技术的支持，直观而高效地反映出主题教研活动的内容、突出活动重点、研究教研难点、反馈活动效果，促进教研人员的深度参与。通过网络平台可以实时分享信息，共建共享开放、互动、立体、可选择的教材教法网络课程资源，实现研修课程、教育教学研究活动、教育教学研究资料、专家同伴研讨与合作等资源的有效聚集、整合、开发和共享。应用移动互联技术，开发研修课程APP，支持教师打破时空限制进行自主研修，如此能够增加教师和公众的参与度，拓展教研时空，使主题教研活动更加透明、共享、高效。

第六章 主题教研活动的实践应用

在市、区和学校开展的教研活动中，以听课评课为载体进行的主题教研活动是常见的方式。我们以某次市级主题教研活动为例，来呈现主题教研活动的上述特点。

一、强化教研主题

本次主题教研活动按照教研活动流程划分为准备阶段、实施阶段、总结阶段，并对每一个阶段的目标、内容、对象和路径进行了具体的阐释，凸显出各要素的规格和要求（见表6-1）。

表6-1 某学科主题教研活动的流程与规格要求

流程	要素和规格			
	目标	内容	对象	路径
准备阶段	• 问题导向，确定主题 • 拟订方案，设计工具	• 梳理源于调研的问题，形成教研的主题 • 基于主题，确定活动目标、内容和方式 • 预设活动目标、成效以及主要评估方式 • 编制活动具体方案，细化活动每一环节 • 研制告示单、问卷以及观察反馈工具表	• 活动参与群体 • 核心参与群体 • 现场参与群体	• 组建核心团队 • 开展实证调研 • 分析调研数据 • 确定主题目标 • 设计活动内容 • 整体规划方案 • 研制工具表等 • 落实活动准备

（续表）

流程	要 素 和 规 格			
	目 标	内 容	对 象	路 径
实施阶段	• 落实方案，调控过程 • 分享成果，提高实效	• 活动背景介绍 • 活动主题阐释 • 主题经验分享 • 课堂教学实践 • 实践问题研讨 • 教研成果推广	• 现场参与群体	• 现场活动观摩 • 现场微信互动 • 现场互动探讨 • 网络实况转播 • 线上即时研讨
总结阶段	• 辐射推广教研成果 • 反思改进教研机制 • 思考后续教研主题	• 形成活动总结报告 • 确立后续研究方向 • 撰写教研活动案例 • 设计多元传播方式	• 现场参与群体 • 目标受益群体	• 借助教研质量评估工具 • 借助杂志以及书籍传播 • 借助微信平台进行传播

二、明晰流程规格

为了帮助参与者更好地了解和明确教研活动的主题，本次活动在网络教研员的组织下开展了为期20天的"网络教研活动"，活动主要包括以下两方面内容。

一是提供"语境创设""语用体验"相关资料（见表6-2）下载学习，包括提供3个教研资源资料包供参与者学习，帮助其了解本次教研主题的背景和内容。数据统计显示，本次活动所提供的资源下载量共计6 428次，呈现出活跃的关注度和参与度。

表6-2 教研资源1（节选）

资源名称	专题项目	参考书籍	具 体 内 容
教研资源1："主题教研"的基本学习资料	英语课堂教学的语境设计	《与新课程同行》丛书之《教学专题透析》	专题四：英语课堂的教学语言 第三部分：英语课堂教学的语境（P144-155）
	培养和提升小学生的语用能力	《小学英语关键问题研究》	教学关键问题十二： 如何在语境中，通过培养思维能力的学习活动，帮助学生理解语言表达所具有的功能？
			教学关键问题十四： 如何帮助学生围绕话题进行表达？

二是开展"上海小学英语学科主题教研问卷调查",活动共回收了 4 726 份问卷,就参与者对教研主题的了解情况、所面临和关注的问题进行了调研。数据显示,99% 以上的教师知晓本次活动的主题,并对主题的重要性表示认可;36% 的教师认为"创设多元语境"是目前教师教学中普遍遇到的重难点问题等。这些前期数据的分析为本次主题教研活动的顺利开展奠定了扎实的基础。

三、工具支持互动

本次主题教研活动提供了系列活动工具表。活动告示单呈现了活动的时间、地点、学科、教研主题、参与对象等基本信息,同时也对选题动因、活动过程安排、活动效果预估、活动资源(材料)等进行了具体描述,将本次主题教研活动的整体概貌阐述清楚。活动观察单和活动反馈单则采用"量化+质性"的评价方式,不仅要求填写人给每一个要素模块进行程度评分,还需结合现场活动的观察记录进行"举例说明"(见表6-3,6-4)。对各类工具表的评价结果进行数据分析,其目的和意义有三点:其一,更好地把握参与者的需求,并作为后续教研活动的主题,使得教研主题序列化;其二,总结教研活动的典型经验,并通过多渠道媒体辐射活动成果;其三,反思教研活动不足,为后续优化主题教研活动指引方向。

表6-3　主题教研活动现场观察单

听课学校		班　级		学生人数	
听课时间	年　月　日(星期　)	学　科		课　型	
	学　生　活　动		要点 / 简评		
活动内容 (任务)	任务明确、清晰				
	与听评课活动的教研主题相关联				
	具有真实性、趣味性和挑战性				
活动时间	活动过程充分				
	时机合适				
活动形式	多样性				
	全员性				

表 6-4　主题教研活动反馈单

主题教研活动名称	小学英语学科基于课程标准的单元整体教学主题教研"语境带动、语用体验"专场	活动时间	2017年3月30日 13：30—16：00
观察点/程度 （按程度由低到高评分，1—5）			**举例/说明**
教研主题	针对教学中普遍关注的关键性问题并着力解决，有利于教师专业发展		
活动过程	安排紧凑、有序； 提供的资源实用、有效； 活动有特色、有创新		
活动效果	有收获有启示 可复制借鉴		
活动最大的亮点			
我对活动提出一个"建议"			

四、丰富参与形式

本次主题教研活动在不同的阶段都设计了相关的学习任务，让教师在观摩教研活动的过程中能够依据任务要求不同程度地参与到活动中。如在活动实施阶段，教研员设置了如下四项主要任务，并描述了任务内容。

1. 完成签到问卷调查

1.1　参与人员基本信息：身份、教龄、性别（选择）
1.2　前期参与情况了解（选择）

2. 参与现场互动问答

2.1　您在课中主要关注怎样的语境创设？
2.2　您所关注的这个语境创设，在课中带动学生怎样的语用体验？

3. 完成现场即时评价

3.1　在微信签到页面完成活动评价

4. 明确后期网络教研任务

提纲挈领式的任务安排增强了现场活动参与者的主题意识和问题意识，同时借助会场的网络支持扩大了参与讨论的途径和范围，有效提升了活动参与者的积极性和获得感。

综上所述，主题教研活动围绕课程与教学实践中的真问题，反映课程建设与实施、学科教学与评价的需求，努力体现问题导向式教学研究的特征，促进了教师深度参与，对于课程发展和教师发展具有积极的引领意义。

基于以上论述，我们认为：主题教研活动范式的研究创新了教研活动的理论和实践价值，在传统教研活动阐释的基础上，体现出了三个创新：

一是认识的创新。提出了主题教研的理念，强调确定主题引领教研活动的开展，设计流程与规格、编制辅助工具、优化活动形式、引入信息技术以提高教研活动的规范性、参与度。提出了基于证据的教研，强调研究教学实践中的真问题，确立证据意识，通过案例、数据等一系列的证据来优化经验，提升教研效果，要求运用比较严格的、系统的、客观的程序来获得可靠且有效的信息与知识。

二是机制创新。设计了一套可操作、可推广的主题教研范式，明确了开展主题教研活动的规范、流程等，提高了教研工作的主题性、参与性。

三是方式创新。研发了一系列辅助教研活动开展的工具，借助工具开展教研活动，使教研活动的主题更聚焦、参与度更高。

主题教研活动范式在市、区、校三级教研活动的实践应用中，也诠释和践行着上海教研实践范式的外显特征：

其一，引领性。主题教研活动以问题导向和目标导向为引领，重视对课堂教学的研究，同时强化对课程、评价的研究，增进了教师在立德树人思想指导下对课程理念、课程目标、课程内容与实施要求的理解和把握，强化了教师的课程意识，拓宽了课程视域，体现出上海教研实践范式的引领性。

其二，操作性。主题教研活动注重开发工具，应用信息技术，突出了证据的收集、积累、分析与应用，强化了调研参与者的证据意识。主题教研活动的系列工具如活动告示单帮助观课教师提前了解教学要点，活动观察单聚焦观课要点，活动反馈单总结和反思活动效果为后续教研提供数据支持，体现出上海教研实践范式的操作性。

其三，公认性。主题教研活动强调引导广大教师积极主动参与、大力改善教研活动过程中的互动交流环节、重视档案积累、凸显实证教研等。因此，主题教研活动对于促进教研转型具有特别重要的意义，也成为目前上海各级各类教研活动普遍学习和应用的教研模式，并逐步建立了相关的保障机制，体现出上海教研实践范式的公认性。

主题教研活动范式在教研转型的时代背景与深化发展中，将更加关注指向提升"教研参与度"的教研活动形态，即以主题教研活动为载体，对教研活动的精度、准度和深度进行实践研究和应用，结合上海市各级各类各科的主题教研活动，提炼和深化教研品质提升与教师专业成长并济的有效教研路径，以教研的"准度""精度""深度"为研究策略，辅之信息技术对教研数据积累、反馈、应用的优势，促成教研生态发生改变。

下篇：

实践导引

第一章　主题教研活动的概述

教研，是保障教育质量、促进教育内涵发展的有效机制，也是教师和教研员专业发展的重要动力。在新的时代背景和更高的课改要求下，我们需要重新审视教研的价值与职能，探索保障课程有效实施的教研机理，构建和完善上海教研实践范式。

主题教研活动的研究和实践，就是在这样的背景下，在上海教研实践范式的引领下，开始了新的探索。希望通过这一新的教研范式——主题教研活动，来适应转型发展的需要，使市、区、校（园）各级教研焕发新的活力，体现新的价值。

本章，在全面分析开展主题教研活动研究意义的基础上，阐述主题教研的核心概念及基本特征，厘清与主题教研活动有关的其他概念。同时，对主题教研活动的范式及结构、要素进行定位，分析主题教研范式与上海教研实践范式两者之间的关系。此外，对主题教研范式的价值，以及它对教研质量、教育质量的影响、作用，进行深入剖析。

总之，希望通过本章的描述，让读者更清晰主题教研活动是什么、为什么、怎么看等概况性问题，对主题教研活动的研究建立整体性认知。

关键词：价值　概念　特征　范式　要素

一、为什么要开展主题教研活动的研究？

第一，加强规范，提高质量。通过主题教研活动的研究，力图进一步解决规范性问题。例如，一次主题教研活动基本流程中的每一个阶段（策划、设计、实施、反思、分享等）所要关注的核心问题、要做的主要工作、要达到的规格要求到底是什么，需要清晰；又如，主题教研活动的基本要素（目标、内容、对象、路径等）的内涵要明确，达成的标准要可视、可测。不是以前的教研做得不好，而是在新形势、新要求下需要做得更好。通过主题教研活动的研究，使教研活动更加规范、有效，让教研活动在强化教育质量提升，促进内涵发展中产生更加真实的、深远的意义。

第二，分享经验，共同发展。组织开展各类教研活动，是教研员的基本功，是学校和幼儿园的基础性工作，也是提高教研员和教师课程领导与实施水平的重要手段。多年来，市、区、校（园）三级教研在开展各类教研活动中，积累了丰富经验。通过主题教研活动项目研究，可以梳理有价值的经验，分享具有典型意义的做法，各区、各学科、各学段彼此取长补短，合作发展，形成共同体，并提炼更有品质的教研成果，使之成为上海教育的特色经验。

第三，研究规律，服务教师。教研有道，探索无涯。教研之道，就是值得探索和研究的有效教研之规律。借助于主题教研活动项目研究，可以让教研员和教师共同来探究教研的本质属性和教研的根本使命，把握教研规律，让教研更好地服务实践、服务课堂、服务学生，探索更新更好的"研究、指导、服务"之道。同时，主题教研活动，关键是提高教师主动参与的积极性，深度思考，合作互助，使经验"去个性化"，成为规范和规律，使教研在为服务教师、提高教育教学质量中起到保驾护航的作用。

二、主题教研活动的特征有哪些？

什么是教研？它是以促进学生全面发展和教师专业进步为目的，以学校（幼儿园）课程实施过程中教师所面对的各种具体问题为研究对象，以教师为研究主体的实践性研究。

什么是教研活动？它是一种群体性的教学研究，强调教师与专业研究人员共同参与、合作研究的活动。

什么是主题教研活动？它是根据发展目标与实践问题，经过系统设计，体现主题的针对性、活动的持续性、参与者的深度介入、信息化支持等特征，并以促进教师和教研员发展为宗旨的一种实践性、分享性、反思性的专业发展研究活动。

主题教研活动的特征主要有以下几点：

第一，主题的针对性。教研活动的主题可以自上而下，源自全市性、全区性的研究任务和要求，如，课程领导力如何体现在每个教师身上，又怎样落地在课堂里，等等；主题也可以自下而上形成，源自教师大量的课程实践中问题，如，教学单元设计如何有效、课堂中学生自主学习与合作学习怎样体现，等等。无论自上而下，还是自下而上，都强调要有鲜明的主题。主题是具有针对性的，针对需要、针对问题、针对教师的最近发展水平而确立的。

第二，设计的系统性。在主题教研活动中，无论是连续的、一系列的教研活动整体性策划，还是具体一次教研活动的设计，都要有具体明确的预设目标，有计划的系统性考虑，保证教研活动的有效性。

第三，活动的持续性。主题教研活动与一般教研活动的一个显著区别，就在于它的持续性和过程性。希望能针对教师和教研员的需要与问题，以"咬住青山不放"的精神进行深入研究，直至问题的解决。

第四，参与的深入性。教师和教研员的参与，是主题教研的关键。主题教研要切实提高教师主动参与的积极性，通过认知碰撞，深度思考，合作互助，形成实践研究的共同体，使个性经验成为全体智慧，使教研真正为教师成长、发展服务。

第五，信息化的支持性。体现在主题教研活动在信息化支持下，能用空间换时间，让更多的教师能够参与现场的观摩、研讨和互动；能借助于信息化手段，对主题教研的效果进行检测、评估，让教研的成效可测、可视；能将教研的经验及时传递、传播，使团队智慧更好地、更广泛地实现共享。

三、主题教研活动与常态的教研活动有何不同？

主题教研活动与常态的教研活动有共性的特点，它们都是群体性的活动，都是以解决课程实践问题和提高教师和教研员的专业水平为目的的活动。

两者也有不同的地方，主题教研活动更重目标的鲜明准确，更重活动的系统设计，更重过程的深度互动，更重效果的全面反思，也更重信息化的有效支持。

两者也是有联系的。常态的教研活动其范畴更大，内涵更广，有任务布置式教研（如，开学初教研员工作布置集训、本学期秋游活动的教研等）、沙龙式教研（如男教师沙龙、家长沙龙等）、网络式教研、微信群教研等。在常态的教研活动中，有的问题一时无法解决，就需要设计成系列的主题教研活动，进行系统的、全面的、深入的研究，直至问题解决，让教师受益。

四、主题教研活动范式有哪些基本要素？

什么是范式呢？美国著名哲学家库恩认为：范式，是共同遵从的价值观和行为方式，是公认的模型或模式。

主题教研活动范式，是指在共同的教育价值观下，根据教研活动的目标，对教研活动的基本流程的规格要求（策划、设计、实施、反思、分享），以及基本要素的标准水平（目标、内容、对象、路径）等各种因素，进行优化组合而设计形成的、相对稳定而又概括的教研行为方式。采用"范式"这一提法，更突显本研究所提出的模式，是积极提倡的，具有公认性和示范、引领作用的。

那么，主题教研活动范式有哪些基本要素呢？请看"主题教研活动范式的基本框架"：

表 1-1　主题教研活动范式的基本框架

流程与环节		要　素　和　规　格			
		目　　标	内　　容	对　　象	路径 / 方法
前期	策划	● 聚焦问题 ● 提炼主题 ● 整体规划	● 分析问题、寻找原因 ● 确立最需要、有可能解决的主题 ● 分解主题内容，规划各次重点	● 活动参与群体（如教研员、教师等） ● 目标受益群体（如教师、学生等）	● 确定主要方法 ● 思考预研究路径

（续表）

流程与环节		要 素 和 规 格			
		目 标	内 容	对 象	路径/方法
前期	设计	• 拟定一次活动方案 • 完善本次组织安排	• 编制程序 • 细化过程（问题分解） • 设计工具（如告示单、观察表、反馈表等）	• 明确核心参与群体的人选（如主持者、执教者、点评者等） • 细分本次活动的参与者（通知对象）	• 具体设计本次教研活动的方法（如看课评课、微报告、专题研讨等） • 预研究（如试教、文献研究、梳理概念等）
中期	实施	• 落实主题教研方案 • 提高主题教研实效（针对性、专业性）	• 分享经验 • 推广成果 • 研讨问题	• 参与本次教研活动的所有人	• 现场深度互动 • 媒体跨时空互动
后期	反思	• 审视本次教研效果 • 思考后续教研主题	• 整理分析反馈资料 • 形成活动总结报告 • 确立后续研究方向	• 本次活动参与群体 • 目标受益群体	• 基于教研质量评估工具 • 基于教研实践经验
	分享	• 传播教研的成果 • 扩大教研的影响力	• 撰写、发表教研总结报告 • 设计、编辑现代化传播方式	• 本次活动参与群体 • 市区校目标受益群体	• 借助杂志书籍传播 • 借助微信平台传播

在此"主题教研活动范式的基本框架"中，首先，有"流程与环节"。流程，是指活动从开始到结束的顺序，包括整个主题教研活动前期、中期、后期的各个阶段。环节，指相互关联的许多事物中的一个，在主题教研过程中，体现于策划、设计、实施、反思、分享等。

其次，有"要素和规格"。要素，是指组成系统的基本单元，也是构成主题教研活动必不可少的因素，包括目标（要解决什么问题）、内容（解决问题包含哪些具体事务）、对象（帮助谁解决这个问题）、路径与方法（如何来解决这个问题）等。规格，指规定的质量标准。本主题教研活动范式的规格，包括在策划、设计、实施、反思、分享等所有环节中的规范问题、程序问题、专业内涵问题等一系列质量标准。

此外，在"主题教研活动范式的基本框架"中，还有一些基本要素需要说明。如，策划，是指活动前期，对连续的、一系列的教研活动的整体性策略筹划。在"策划"环节，需更多考虑"活动"与"活动"之间的结构与关系。设计，是指活动策划完成后，对具体的一次（即本次）教研活动的合理规划，详实布局。"设计"环节，需更多考虑"环节"与"环节"之间的结构与关系。实施，是指活动中期，对"设计"环节所预设的四大要素（目标、内容、对象、路径/方法）的具体落实和推进。"实施"环节，需更多考虑目标的达成度和内容的匹配性。反思，是指活动后期，基于实证（活动中工具量表的数据）、基于标准（活动前策划与设计环节的目标）的内省认识活动。"反思"环节，需更多考虑对活动前期和活动中期相关要素的回应以及对下一次活动"设计"环节的再优化。分享，是指在"反思"环节之后，通过物化的成果，或是信息平台将活动的经历与经验传递出去，以共享事实、观念和态度的过程。"分享"环节，需更多考虑活动的影响力。

以上，是主题教研活动范式的基本框架和基本要素，需要在教研实践中，予以不断完善和优化。

五、如何理解主题教研活动的范式以及意义？

为了使主题教研活动更加规范、有效，更加结构化、可视化，我们对主题教研活动的范式进行了探索性研究。通过经验和实证相结合的方式，对主题教研活动的实施流程、要素规格等进行分析和提炼，形成了相应的实践指导范式，便于教研员和教师学习理解与操作应用。

那么，主题教研活动范式的意义何在呢？

第一，引领价值。长期以来，在几代教研员的不懈努力下，积累了丰富的教研经验，为全市各级各类教育提供了强有力的专业支持，为本市基础教育事业发展做出了突出贡献。然而，随着社会的变革和课程与教学改革的不断深化，教研工作需要实现新的转型，要从单纯以学科课堂教学为主的研究，转变为对学科课程的整体研究；要从基于经验的教学研究，转变为经验与证据相结合的教学研究；要从自上而下的教学研究，转变为自上而下与自下而上相结合的研究；要从"个人权威"式的教学研究，转变为"合作共同体"式研究。在这样新的时代背景和更高的教研要求下，我们需要顺应变革，通过研究一种新的教研模式——主题教研活动范式，来适应转型发展的需要，使教研焕发新的活力，体现新的价值。同时，在主题教研活动范式的引领下，转变教研观、教师观，让教研活动真正成为教师专业发展的助推器。

第二，指导操作。聚焦教研内容针对性不强、主题连续性不够，教师参与面不宽、投入程度不足等问题，依据整体设计、实践应用、持续优化的思路，对教研活动进行系统性、规格化、深层次设计，构建了主题教研活动的实践范式，以更好地规范当前的教研活动，指引实践操作，帮助教师围绕课程与教学实践中的真问题，针对学科（学段）教学发展的特定需要，以及课程实施的具体问题开展教研活动，从而提高区域和学校（幼儿园）的教育教学质量。另外，在主题教研活动范式的研究中，研发了相关工具，如，告示单、观察卡、反馈表等，并借助信息化手段，让教研的质量可视可测，也便于教师进行教研质量的自我评估。

第三，**深化影响**。主题教研活动范式的研究，揭示了"团队智慧，经验分享"的教研机理，体现出引领性、操作性和公认性。希望通过主题教研活动范式的研究，让教研的经验得以强化与推广，让个体的经验成为学校、区域、全市的共同经验。同时，让主题教研活动的范式日趋稳定，公认性不断强化，经验逐步推广和辐射，成为各级各类教研活动的常态化运作模型，成为上海教研的一种特色，并深化影响，得到国内外同行的广泛认可。

六、主题教研活动范式与上海教研实践范式是什么关系？

上海教研实践范式，是在价值取向指引下，以内容范畴为载体，以实证方法为手段，以运行机制为保障的常态化、本土化教学研究运作模型。

主题教研活动范式，是上海教研实践范式的子集，因为，它同样由价值指引、内容载体、方式手段、机制保障等构成了范式的结构要素，是"大范式"下的"小范式"。上海教研实践范式是一种顶层设计，或者说是目标导向，它指引着各类教研模式、范式的建构方向和实践路径。

主题教研活动范式，是基于上海教研实践范式理论基点的，是在实践层面上，为了让教研活动的外显特征更加清晰，价值得到充分体现，操作性逐渐增强，公认性得到不断强化。同时，主题教研活动范式，又是服务于上海教研实践范式的，使教研实践范式内涵更丰富，实践操作性更强，教研品质更凸显，上海教研的特色更鲜明。

由此，可以说，主题教研活动范式与上海教研实践范式是息息相关、相辅相成的。两者都是上海教研的创新实践，它们发挥着连通作用，共同有效服务于课程改革，充分支持学校、教师、学生以及教研员的发展。

七、主题教研活动的研究与实践对提升教研质量、教育质量有何影响？

主题教研活动的研究与实践，是上海教研团队在新的历史背景和改革要求下的一次探索、一个突破。本研究，通过市、区、校（园）的通力合作，希望对教研质量、教育质量能产生实质性的影响。具体体现在以下几个方面：

第一，**实现转型**。希望能通过主题教研活动范式的研究和推广，促进教研员与教师教研观念的转变、教研方式的转型，让各级教研能真正受教师欢迎，激活教师参与的自主性和专业发展的自觉性。

第二，**强化质量**。希望能探索出可操作、可推广的主题教研活动范式，支持整个教研活动流程的规范和要素的合理，实现主题教研活动结构化、规范化、可视化的目的，让市、区、校（园）三级教研更有品质。

　　第三，注重实证。希望能倡导、引导经验与实证相结合的教研方式，强调实证在教研活动中的意义和作用。同时，研发出主题教研活动实施过程中的相关工具，让教研的质量可测可评，让教师和教研员形成自我反思的专业习惯。

　　第四，有效分享。希望主题教研活动在信息化支持下，能用空间换时间，让教研团队经验更好地体现。同时，能营造合作教研、共同成长的教研文化，让教研、教育的专业智慧得到积极分享。

　　第五，扩大影响。希望能发现教研与教育质量相关性原因，让教研的历史作用更突显。同时，借助于主题教研活动案例的研究，总结教研经验，形成有价值的主题教研成果，让上海优秀的教研经验得到有效传承与发展。

第二章　主题教研活动规划

　　"策划"和"设计"是主题教研活动前期需要重点思考的两个环节，只有在策划环节对系列主题教研活动进行周全考虑，在设计环节对每次教研活动进行细致设计，才能使教研活动达到预期效果。本章将全面分析主题教研活动前期的"策划"与"设计"之间的关系，梳理主题教研活动问题的主要来源，提出使教研问题更具针对性、教研主题有效提炼的方法，具体阐述策划主题教研活动系列，以及设计一次教研活动方案需要注意的问题，并对主题教研活动参与对象的确定、参与对象应做好的经验准备、核心人员开展预研究，以及组织安排工作等给出具体的方法，同时，还提供主题教研活动前期需要设计的工具样例。希望通过本章的描述，让读者对主题教研活动前期有更深入的认知，更周密的规划。

　　关键词：主题　问题　策划　设计　工具

一、主题教研活动的"策划"与"设计"有何不同？

　　主题教研活动的前期，包括策划和设计两个环节。策划，即谋划、计划，是对连续的一系列教研活动进行顶层设计，着重对将要进行的系列教研活动提出总体的构想和规划。设计是指根据一定要求对某项工作预先制定方案，这里是根据系列主题教研活动的总体要求，制定一次教研活动的具体方案。可以说，策划是设计的前提和基础，设计是策划的细化和落实。只有在策划环节对系列主题教研活动进行周全考虑，在设计环节对每一次教研活动进行细致设计，才能达到预期效果。

　　策划和设计这两个环节既有联系，也有区别。其区别具体体现在，策划和设计在教研活动的目标、内容、对象、路径方法等各要素的规格上有所不同。

　　第一，目标不同。目标指要解决什么问题。策划环节重在通过调研收集问题、确立最需要、最有可能解决的问题，在此基础上提炼形成教研主题。设计环节是根据策划形成的系列教研活动中的某个阶段，拟定一次教研活动的具体方案。

第二，**内容不同**。内容指解决问题包含哪些具体的事务。策划环节，重在进一步分析产生问题的原因，围绕主题进行整体规划，形成系列教研活动，规划每一次教研活动的重点。设计环节则是根据初步拟定的一次教研活动的具体方案，编制一次教研活动的程序，将需解决的问题在分解的基础上细化活动过程，设计一次教研活动可能使用的工具，如告示单、观察表、反馈表等。

第三，**对象不同**。对象是指由谁帮助谁解决问题。策划环节主要是确定系列教研活动参与研究和组织安排的人员，如教研员、教师等，预估系列教研活动可能的受益群体，如参加教研活动的教师、学生范围等。设计环节则是明确参与组织活动的核心人员，包括主持人、执教者、点评专家等，同时确定本次教研活动的直接受益群体，即参加线上、线下教研活动的人员。

第四，**路径方法不同**。路径方法指如何来解决这个问题。策划环节要围绕主题整体思考预研究的方法路径；设计环节则是具体设计一次教研活动的组织方式，如看课评课、微报告、专题研讨等，并完成相关的预研究，包括文献研究、概念梳理、试教、经验总结等，以确保本次教研活动的质量。

二、主题教研活动的问题从哪儿来？

第一，**问题可能来自教师课程实践的需要**。教研活动主要是为了解决教育教学中的具体问题，这些具体问题往往是发生在教师课程实施中的微观问题。在诸多问题中，我们首先要关注的是一个学校、教研组全体教师在教育教学实践中共同关心的、具有代表性的、亟待解决的问题。

第二，**问题可能来自基层学校的发展需要**。教研活动不只是解决教师课程实施中的实际问题，提高教师的专业素养，还是促进区域、学校教育质量可持续发展的重要抓手。如何结合学校的自身特点，把宏观的课改理念转化为学校具体的课改实践，进而促进学生的健康发展，这是学校研究探索的重要命题，在此过程中会产生诸多问题。市、区教研应关注学校发展中的共性问题，基层学校则更多结合自身发展需要梳理主要问题。

第三，**问题可能来自项目和课题研究的需要**。目前的项目和课题研究内容，多与教育教学实践有密切的关系。教研活动倡导在教中研，在研中教。在运用相关理论、采用科学研究的思想方法和技术路径、解决教育教学问题的过程中，会不断产生新的问题和困惑，这些问题和困惑也可以成为主题教研活动的问题来源。

三、怎么使教研的问题更具有针对性？

第一，**明确要解决哪一类问题**。在广泛收集问题的基础上，结合区域、学校的研究重点和已有的研究基础，明确教研重点解决哪一类问题，是解决教师教育实践中的问题、学校发展中的问题，还是项目和课题研究过程中的问题。无论试图解决哪一类问题，都应以促进学生的健康成长、学校的可持续发展、教师和教研员的专业素养提升为根本目的。

第二，围绕需解决的该类问题收集相关问题。明确重点解决的问题类别后，聚焦学生的行为表现、作业情况、考试结果等，通过问卷调查、个别访谈、现场观察等，从教师、行政人员、家长、学生多方收集问题，并根据统计结果，依据问题的被关注程度进行排序。

第三，确定需要解决的主要问题。综合分析学段、学科的发展趋势，以及教师专业发展的需求，根据问题的共性程度，结合学校的研究条件，综合考虑问题的迫切性（突出需要解决的问题）、可行性（具备充足的研究条件）和价值意义（有利于改进教学、发展教师、促进学生发展），将问题分为主要问题、次要问题、一般问题和无关问题，确定需要先解决的主要问题。

第四，根据教研的对象范围遴选主要问题。在考虑解决全体教师共性的、倾向性的问题时，也要兼顾不同发展水平、不同需求教师的个性化问题，灵活地开展不同层级的主题教研活动。

四、如何有效地提炼主题？

第一，针对主要问题，多方收集证据。通过个别访谈、现场观摩、作业反馈等，深入了解区域或学校的教育教学现状。如，教师普遍觉得课堂教学时间不够用，教学内容完成有困难。通过听课活动以及教师访谈、问卷等，发现存在教师在课堂教学中重点不够突出、突破教学难点缺少方法等问题。

第二，综合多种证据，分析形成原因。汇总梳理针对主要问题考察教育教学现状后发现的普遍问题，结合文献资料对这些现象作进一步分析，寻找产生问题的根本原因。如，对教师在课堂教学中重点不够突出、突破教学难点缺少方法等现象再进行深入分析和聚焦，发现产生这些问题的根源，是教师在备课过程中对于教学内容的确定和组织等研究不够、把握不准。

第三，思考问题内涵，提炼形成主题。综合问题和形成原因分析，用前瞻性的眼光看待教育中的现实问题。分析这一问题是课程实践中的薄弱点、增长点还是突破点，进一步思考通过对该问题的研究，可以揭示怎样的教育本质和规律，反映怎样的教育改革发展趋势。从上述视角出发，斟酌其表述方式，提炼成教研主题。提炼主题应体现一定的目标导向，有助于教研活动的研讨更加聚焦。如，教师在备课过程中对于教学内容的确定和组织等研究不够、把握不准，将主题确定为"合理确定和组织教学内容"。

五、怎样策划主题教研活动的系列？

第一，确定鲜明的主题。通过前期的现状调查，聚焦主要问题，提炼主题。在一定的教育理论和理念指导下，尝试对问题进行分类，如，是课程问题、教学问题、评价问题，还是学生认知或学习心理问题等，以确定合适的主题。

第二，明确目标和内容。围绕这一主题，结合现有的研究基础，思考教研活动到底"要什么"，确定主题教研活动的目标。目标应联系教师教学的实际情况，有助于解决课程实施中的主要问题，与教师当下专业发展水平相适应、能为教研活动参与者普遍接受的，具有可行性，也可测量或评估。围绕主题教研活动的目标，进一步明确"做什么"。将目标梳理细化成若干条任务，再化为一次次具体的教研活动内容。

第三，设计路径和策略。确定目标和内容后，需要思考"怎样做"才能完成既定的目标。通过对现有资源（包括人力资源、物质资源、信息资源等）进行分析，以内容展开为线索，完整规划系列活动。包括活动的进程安排、活动环节及时间节点，可用流程图的形式呈现。对流程中一些关键的实施点要进一步细化策略措施。实施策略的设计既要保障活动的质量与效益，又要控制活动过程中可能出现的无关因素影响，确保教研活动顺利、有效地开展。

六、设计一次教研活动的方案要注意什么问题？

第一，**明确活动标题，表述清晰准确**。根据策划方案的主题和总体构想，针对之前已经解决的问题和目前亟待解决的主要问题，确定本次教研活动属于系列教研活动的哪个阶段，再确定本次教研活动的标题。在活动标题的表述上，既要符合课程改革的价值取向，体现学科建设和课程实施的总体方向，又要观点鲜明，一目了然。

第二，**确定目标内容，限定参与对象**。根据本次教研活动的标题，拟定活动的主要目标或本次活动期望解决哪些主要问题。活动目标既要与策划方案中的总体目标保持一致，又要具体可测。根据目标，梳理预研究中的成果，同时吸纳其他具有典型意义和推广价值的经验，确定本次教研活动需要研讨和分享的主要内容。并根据活动内容和场地条件，确定本次教研活动的核心参与群体和目标受益群体。

第三，**根据活动内容，匹配组织形式**。配合目标内容设计活动流程，具体的流程设置和内容安排，呈现的方式、时间分配，以及为参与者设置的互动话题等方面，既要考虑目标的达成度，还要考虑让参与者有更多融入和互动的机会。

第四，**设计系列工具，提高活动效益**。根据评估教研活动实施效果、预期目标达成度的需要，提出关于本次教研活动的质量评估方案及其设计说明，载明活动前需告知的、活动现场需记录的、活动后需反馈的内容，将其设计成工具，一方面便于参与者的深度介入，另一方面便于组织者的总结反思，为确定后续的研究目标和内容提供依据。

第五，**思考前后关系，持续推进研究**。一方面，分析本次活动期望目标的达成可能会对参与者产生的影响，再从扩展成果积极效应的角度，拟定本次活动总结中将向教师提出的有关改善教育教学行为的建议，以及加强实践研究的要求。另一方面，分析本次教研活动在近阶段整体教研工作中的作用，以及本研讨主题与相关系列主题教研活动的联系，拟定本次研讨总结中将向参与者提出的有关后续研究重点和工作要求，以促使参与者对主题的持续关注和思考。

七、如何考虑活动的参与对象？

第一，**明确参与对象的类别**。主题教研活动的参与对象主要包括两类人群，一类是活动的组织参与群体，是主要参与解决问题的群体；另一类是目标受益群体，是被解决问题的群体。

第二，**明晰不同环节参与对象的区别**。在主题教研活动前期的策划和设计环节，这两类参与对象又各有所指。策划环节的组织参与群体，包括参与规划系列主题教研活动、参与预研究的群体，如教研员、学校管理者和教师、高校研究人员等；策划环节的目标受益群体，主要包括通过系列教研活动受益的市、区、校（园）各级各类学校的教师和学生。设计环节的组织参与群体，主要是一次主题教研活动的核心参与群体，包括活动主持人、现场执教者、经验交流者、点评专家等；目标受益群体，是指本次教研活动的参与者，其中既包括参与现场活动的对象，也包括通过网络平台参与活动的对象。

第三，**确定参与对象的边界**。教研活动的参与对象要根据不同主题、活动场地而定。根据不同主题教研活动的目标和内容，分析现有的人力资源，包括教师、教研员、高校研究人员等，确定参加预研究的人选，即策划环节的组织参与群体。设计环节，要考虑本次主题教研活动重点解决的问题，明确本次教研活动的核心参与群体，结合教研活动的时间空间、呈现方式等，确定本次教研活动的参与者。

八、如何让参与对象有准备地参加主题教研活动？

参与对象对即将参加的教研活动主题的了解程度和思考深度，将直接影响教研活动的有效性。让参与对象有准备地参加教研活动尤为重要。

第一，**细化问题，提前发布**。活动的组织参与群体，依据主题教研活动设计方案中的目标和内容，将要重点解决的问题，细化成若干小问题，提前在网上发布，告知参与现场活动和通过网络平台参与活动的目标受益群体。

第二，**引发讨论，多方互动**。问题发布后，可通过网络教研平台、现场教研活动等，引发组织参与群体与目标受益群体间的互动、目标受益群体之间的互动等的线上线下互动。这有助于参与对象进一步关注此次教研话题，对问题进行深入思考，为之后深度参与系列教研活动提供经验基础。

第三，**梳理归纳，深度研讨**。组织参与群体将线上线下互动过程中聚焦的主要问题和经验加以梳理归纳，进行内部讨论，对原策划方案中的主题教研活动目标、内容、具体安排等进行微调，优化主题教研活动的策划方案，同时也为下一次主题教研活动的有效设计提供依据。

第四，**建立制度，机制保障**。上述三步，是提高参与对象有准备地参加主题教研活动的基本实施路径，各级教研活动可通过建立相应的制度和机制，使其常态化运作。

九、要开展哪些方面的预研究？

为提高主题教研活动的有效性，在主题教研活动的前期，应充分开展预研究。预研究一般包括：

第一，资料收集。通过开展文献研究，了解该主题已有的研究成果及前沿信息，对和该主题相关的研究成果进行梳理提炼。

第二，概念梳理。对本次主题教研活动所涉及的主要概念进行界定，明确研究方向和研究边界。

第三，现状调研。通过现场观察和访问座谈等，一方面了解与该主题相关的实践问题，进一步聚焦本次主题教研活动所要解决的主要问题。另一方面寻找发现解决问题的实践经验。

第四，筛选经验。将初步获得的理论成果和实践经验，在部分学校和教师中进行验证，筛选出具有普适性的典型课例、活动案例和教育教学经验。

通过开展理论和实践两方面的预研究，可使本次主题教研活动的设计更周全、更合理、更有针对性，为有效开展主题教研活动提供基本保证。

十、组织安排工作具体有哪些？

第一，明确承办方。根据教研活动的主题，选择具有相关研究基础的、师资水平符合本次教研活动需要的、有一定承办经验的学校，作为本次主题教研活动的承办单位，或承办年级、学科等。

第二，落实活动场地。选择的活动场地规模应与参会人数相匹配，设施设备条件符合活动需要，交通便利，环境能满足展示所需的场地，通常承办单位即为活动所在地。

第三，准备活动内容。根据教研活动主题，组织执教教师试教、发言人试讲，以凸显本次教研活动的主旨。与点评专家取得联系，沟通本次教研活动的拟讨论话题、待分享的经验等，协商确定点评的视角。

第四，检查设备材料。活动现场所需使用的实验仪器、音像资料、媒体播放设备、音响话筒、摄影器材、网络平台等都要提前检查调试，做好充分的准备，确保当天教研活动的顺利进行。

第五，发布活动通知。拟定教研活动通知，根据需要和条件，选择采用书面通知、电子邀请函等方式发布活动通知。

第六，合理统筹资源。包括人力资源、物质资源、信息资源等，如，负责活动签到、活动现场引导、网络平台连线、活动微信发布等人员安排；座位安排、灯光音响、屏幕投影等设备配置；会议通知、会务资料、通讯稿件等信息资料。

十一、主题教研活动需要设计哪些工具？

用于一次主题教研活动的工具，可为参与教研活动的教师开展观察、分析、测量、评估等活动提供简明的参考依据，也为改进后续的教研活动服务。主题教研活动需要设计的工具主要包括：

事务执行工具。 如，主题教研活动前的告知单（见表2-1）。把教研活动的方案和程序提前告知参与活动的对象，使他们届时能够有目的、有准备地参与教研活动，达成主题教研活动目标。告示单应在正式活动之前发至邀约出席的对象。告知活动选题动因、过程安排、资源利用与效果预估，帮助目标受益群体提前了解活动要点。

课堂观察工具。 如，主题教研活动中的观察表（见表2-2）。在主题教研活动中，听课评课是一种常用的活动方式。通过提供一些课堂观察工具，引导教师聚焦课堂观察要点，增强观察的针对性。需要注意的是，设计者应该根据教研活动的标题和目标，选择设计不同内容要求的课堂观察工具。

评估反馈工具。 如，主题教研活动后的反馈单（见表2-3）。提供主题教研活动反馈单供活动参与者使用，参与者通过搜集证据并基于证据对活动策划、设计工作及时进行反思总结，对活动成效进行初步评估。反馈单可随告示单一起发出，也可安排在活动现场发给活动参与对象，教研活动结束后，由活动组织者现场回收。

通过设计工具，将经验的"碎片"集聚为观察的视角，进而转化为合乎逻辑的、可操作的流程，引导参与者从基于感觉和经验的分析，转向基于证据和逻辑的判断。

表 2-1　主题教研活动告示单（样张）

时间		地点		学科		策划 组织者	
教研 主题				出席 对象			
教研活动的设计		概　　　　　述					备注
选题的动因							
活动过程安排	1.						
	2.						
	……						
活动效果预估	1.						
	2.						
	……						
活动资源（材料）	1.						*具体资源（材料）附后
	2.						
	……						

表 2-2　学生现场活动观察表（样张）

听课学校		班级		学生人数	
听课时间	年　月　日（星期　）	学科		课型	
学 生 活 动			要点／简评		
活动内容（任务）	任务明确、清晰				
	与听评课活动的教研主题相关联				
	具有真实性、趣味性和挑战性				
活动时间	活动过程充分				
	时机合适				
活动形式	多样性				
	全员性				

表 2-3　主题教研活动反馈单（样张）

主题教研活动名称		活 动 时 间	
观察点／程度（按程度由低到高 1 ~ 5 分）		举例／说明	
主题确立：　基于问题，针对需求			
目标制定：　要求明确，具体可行			
活动设计：　内容合理，路径清晰			
过程呈现：　依托资源，形式多样			
实施效果：　解决问题，有效引导			
本次活动亮点	1.		
	2.		
	3.		
我的一个建议			

第三章　主题教研活动实施

不同于传统教研活动较少前期策划和后期反思，主题教研活动的中期既是对前期规划的实施，也是后期反思总结阶段的基础。要将前期设计好的主题教研落实成一次具有实效性的、参与面广的活动，需要活动能紧密围绕主题，突出拟解决的问题核心，且活动能不断引发教师关注问题、积极参与。要达成这样的目标，就需要活动组织者明确主题教研活动实施过程中的各个要素，能有一定的活动组织技巧，能充分利用事先准备好的和即时生成的各项资源，适切、适时地运用好各类工具。

关键词：互动　参与　工具

一、主题教研的方案如何落实？

在准备阶段，通过精心的策划和计划，对主题教研的全局目标和每一次活动内容有整体、大致的设想，是主题教研得以成功实施的基础和保障。在实施阶段，则要重点关注每一次活动是否达成预期目标，在对每次活动的效果进行评价的基础上，再不断根据活动的成效或目标的适切性做适当的调整，这样才能保证目标不偏离，落实有效果。

第一，活动内容支持目标的实现。主题教研每一次活动的目标都是为解决一定的问题，因此活动的内容应紧密围绕问题的解决展开。但往往像研讨课这样的教研活动主要形式，并不一定能突出需解决的问题所在，因为课堂的呈现会受到教材、课时、学生等条件的限制，一节课的观察点也比较多而散。在这种情况下就需要精心选择适切的课题，在课前告知活动参与者预解决的问题，提供引导问题观察的工具，精心提炼组织课后的交流研讨话题，这些都是使活动内容紧密围绕目标的有效手段。

第二，安排有序，重点突出。教研活动具有生成性特点，哪怕是精心准备的一节研究课，也会由于不同学生的反应而产生不同的效果。围绕相同的话题，教师也会产生偏离预设的思考。这些生成性有些会干扰活动的有序进行，有些恰恰会产生思维碰撞的火花，使预设的内容充满活力和感染力。要回避干扰、激发碰撞，不仅需要在活动设计阶段，就对活动的每一个环节进行精心的预设，更需要活动组织者在实施方案时，按照既定的方案有序推进活动，同时根据活动现场生成的内容，灵活调整各环节的节奏，突出重点问题。

第三，评价伴随过程。主题教研是由一系列相关联的小主题构成一个大主题。在主题策划时，往往是将一个较复杂的问题分解为几个较简单、相互有逻辑关联的问题。这样的预设是否合理？每次活动是否取得了预期的效果？如果效果不理想，究竟是预设的目标不够适切还是活动的效果有待提升？如果这些问题没有解决，就会影响到整个主题教研的有效性，因此每次活动都需要及时评价，以便及时作出调整。评价可多角度、多形式：既有定性评价，也需一定的定量数据支撑；评价的对象除了教师，更需要关注学生。

二、如何在主题教研活动过程中提高实效？

一次教研活动时间不过2—3小时，时间不算少，但教师的关注度、参与度不高的话，效果就会大打折扣。而活动组织者经常会产生这样的困惑：精心设计的活动，为什么教师的兴趣不大呢？由于年龄、心理、生理、环境等方面的差异，成人具有与学生不同的学习特点，例如学习自主性较强、容易受到个体经验的影响。成人学习的目的主要在于直接运用所学知识解决自身工作生活中的困难，因此就表现为更喜欢以问题为中心或以任务为中心的学习形式。主题教研就是为解决教学中的种种问题而设计的，问题本身也是来自教师自身，因此其内容一般会引起教师的较大关注，此外还需关注活动的节奏、形式等，来保证活动的实效。

一是内容简洁。一次精心设计的活动，组织者往往追求形式完整与完美。如果是一场区级、市级的展示交流活动，还会增加诸如专家点评、教研组介绍、领导讲话等环节。这些环节虽然形式上漂亮、得体，但往往冲淡了活动的主题内容，容易让参与者产生心理疲倦和厌烦。无论是专家点评还是教研组介绍，话题都需紧密围绕问题、言简意赅、引发思考，使参与者获得感悟和收获，严格控制时间和节奏是提高效率、提升效果的好办法。

二是问题适切。来参加活动的教师往往来自不同层次的学校，面对的学生差异较大，同样的一个问题对不同学校的教师，其关注度、兴趣点往往不同。要提升活动实效，设计拟解决的问题能适合大多数人至关重要，解决问题的方法与途径也应有一定的普遍性，这就需要活动组织者能提炼出解决问题的核心要素，并用一定的理论加以解释、总结。

三是参与度高。教师的学习越是主动效果越好，参与度越深效果越好。听课、听讲座等活动形式，教师往往处于被动接受状态，需要在被动环节后设计各种能激发教师参与兴趣、参与面较广的主动活动环节，才能让活动的效果落到实处。可以创设不同的教学情境，可以设计引发争论的话题，也可以采用视频、网络等技术手段，还可以设计活动后的团队作业，这些都可以让活动主题进一步延伸。

三、怎样在教研现场进行深度互动？

正如没有师生交流的课堂，老师讲课再精彩，教学目标也难以达成，没有深入互动的教研活动，也难以达成预设的教研目标。甚至对一个问题已经做了长期深入的研究，由于在教研现场没有良好的互动，使问题的呈现和解决都起不到应有的效果。教研现场的深度互动必不可少，但这往往也是活动中最难解决的一个问题。市级、区域教研参与者众，没有足够的互动时间，就会显得蜻蜓点水，为互动而互动；校本教研参与者少、对象固定，熟悉感会制约互动的积极性和深度。因此要进行效果良好的深度互动，其设计的难度甚至超过了研究课、专题讲座。要解决这个难题，可从以下几个方面加以考虑。

第一，**互动话题设置**。互动话题可由一连串的问题链组成，这些问题链能引导参与者对本次教研活动拟解决的问题产生思考、分析问题产生的原因、通过案例提炼解决问题的方法、对难点进行多角度讨论等，其作用就是使教师在预设的活动中，层层递进、自发地完成教研的主题任务。问题链的设计需有较强的引导性，同时也要有足够的开放性，千篇一律的评价并不能激发教师学习的欲望。只有当问题产生碰撞、解决问题的途径是多元的，甚至有一些无法当场解决，需要进行更进一步的探索和实践，这些反而能增加活动的感染力，使活动生成的内容更富有鲜活的生命力。

第二，**多类资源利用**。资源既可以是预设的，也可以是现场生成的。例如，可以精心选择适切的教学视频片段，也可以由教师事先准备围绕问题的发言，这些都较好控制。现场生成资源更为宝贵，研讨课上学生的随堂反应，课后点评中教师的几句有感而发，讲座交流中听者的一点疑惑，只要是紧密围绕活动的主题，这些生成的内容都可以将问题引向深入，都可以成为现场资源。活动组织者在对活动的目标充分了解的基础上，合理地围绕这些生成性资源适当展开，往往能将互动推向高潮。

第三，**合理控制时间**。为保证活动的效果和质量，在主题教研活动设计时，就需要对每个环节的时间进行合理预估，活动中也需根据预设的时间安排推进活动进程。在设计时间安排时，就需要给互动预留出足够的时间。活动中，要特别重视互动中的生成性问题，可以根据生成的问题灵活调控互动的时间。此外，互动也是一种习惯，只有多互动，才会使教师敢互动、会互动、想互动。

四、活动主持人在主题教研活动中的重要性该如何体现？

不同于晚会主持人需要一定的表演性，也不同于一般会议主持人仅仅是个串场介绍的角色，教研活动的主持人是把控教研活动目标、提升教研活动效果的关键人物。主持人必须是主题教研策划团队的成员。

第一，**熟悉活动内容、流程、环节**。主题教研活动在活动前都已对活动的环节、每个环节的内容、活动整体流程进行了预设和安排，而所有这些预设全都是围绕活动的目标而设。如果活动主持人仅仅是按照流程单将所有环节走一遍，并不明晰理解活动背后的设计逻辑，就难以对活动进行有效引导和把控。了解并熟悉教研活动的每一环节及环节内容，理解活动环节安排背后的逻辑脉络是对活动主持人最基本的要求。

第二，**有结构化思考，有引导意识**。作为主持人，需对教研的"主题"即拟解决的教学问题深入了解，并且知道围绕本主题的若干次教研活动之间的关系，在此基础上，充分理解自己所主持的该次教研活动在整个主题教研中的结构位置和作用。在具备这些理解和准备的基础上，主持人需要在一个环节开始时，告知参与者这个环节的目的，需要带着怎样的问题在过程中进行观察或思考；环节结束时对这个环节进行画龙点睛的总结；过渡到下一个环节时，要介绍下一个环节与本环节间的逻辑发展关系。这些都能起到引导参与者从整体上理解活动意图的作用。例如听完一节课，在介绍点评专家前，可提醒参与者本次活动的问题主题是什么，接下来请大家听专家对这个问题的观点和解决途径，是否和参与者的自我思考产生吻合或碰撞，这些对引导活动的走向至关重要。

第三，**突出重点，注重生成**。教研活动中既有预设的部分，也有许多现场生成的资源，而真正决定活动效果的往往是互动环节的点评、讨论等。因为围绕问题设计的教研活动，能否被活动参与者清晰观察到问题所在，取决于点评者对问题的提炼和点拨；讨论中大家是否能聚焦问题并对问题有更广的观察视角和更深刻的认识，取决于参与讨论者的观点是否能围绕问题和问题解决并有理论深度。这些都需要活动主持人根据自身的经验进行合理判断，适度干预、及时纠偏，即引发问题的思考和碰撞，又能把控问题、突出重点。

五、如何调动参与者的自主精神？

主题教研活动的参与对象主要包括两类人群，一类是活动的（组织）参与群体，是主要参与解决问题的群体；另一类是目标受益群体，是被解决问题的群体。前一类人群是问题的研究者、教研活动的策划者，自主性不言而喻。后一类人群虽然是目标受益人群，但由于其参加的仅仅是教研活动对外呈现的那一短暂部分，可能对所研究的问题和问题解决策略都不甚熟悉，对教研活动的流程设计未能真正理解，这些都会影响其主动参与的积极性，致使"主题"未能"走心"，使活动流于表面。因此充分调动这一人群的自主精神是提升教研效果的关键。

第一，**参与点的设定**。目标受益人群是拟被解决问题的人群，但他们也许对自身的问题并不自知，来参加教研活动时，虽然有"告示单"等工具告知本次研究的主题，但并未将主题和自身产生足够的关联。因此，教研活动开始阶段设定参与点，使参与者与研究主题迅速产生"共情"，产生迫切的问题解决欲望，其自主性就会被初步调动。随着研究问题的展开，组织者所展现的问题解决策略是否能对参与者提供切实的帮助，也是影响参与者自主性进一步提升的关键所在，在这一环节设定参与点可以使参与者的思维和情绪推向高潮。此外，活动前问题发布阶段，活动后反思反馈环节，都可以设置适切的参与点，使参与者更充分地进入到整个教研活动。

第二，**参与形式的设计**。参与点设置之后，其形式可以是多种多样的，应避免千篇一律的问题铺陈式介绍，这容易造成组织者和参与者的上下层级关系。在活动开始时，可以通过让参与者观察课堂教学视频片段，共同发现、提炼问题。有些教学行为可能是教师的日常行为，并未意识到是自身问题，通过观察旁人行为，引起参与者的共鸣。组织者提供了问题研究的策略后，可以通过问题引导、小组讨论、辩论等多种形式，让参与者做到身心互动。

第三，**引导互动策略**。一场成功的教研活动必须兼具预设和生成，可以说"互动"中产生的碰撞、思考才是教研活动真正的目标。但是由于参与者人数较多，有质量的互动也是需要有充分预设的。互动可以由逻辑清晰的问题进行引导，也可以由活动的前期参与者穿插引导，互动更重要的策略是开放观点、包容异见。

六、如何实现媒体的跨时空互动？

教研活动的时空较为有限，在参与者众多的情况下，每位参与者无法做到深度互动，这些问题在多媒体技术高度发展的今天，可以得到适度解决。例如利用微信进行信息推送，利用云盘分享活动资料，建立讨论群进行跨时空互动，这些手段都较为简便易行，但要真正达成良好互动效果，还需关注以下几点。

第一，**明确共同关注论题**。主题教研关注问题，更关注问题的解决。不同学情的学校对同一个问题的关注度不一定相同，对同一个问题的解决路径、方法、程度也不可能完全相同。教研解决的是共性问题，个性问题需要教师在掌握了路径和方法之后自行探索解决，否则会使论题大而散，减弱问题的针对性。利用媒体互动时，需要使话题满足较多数人的需求，展开层次相对集中的议论。论题的设定，可以利用网络事先进行问卷调查、收集汇总，并按照问题的内涵不同予以分类讨论。

第二，**制定有效引导策略**。利用媒体的互动，时间、空间都较为自由，可以充分利用媒体使更多的人参与互动。但正是参与者众，也带来了深度不够、无效信息多的弊端。此外，活动中的媒体互动和活动后的互动其表现也略有不同。活动后的互动有更充分的思考时间，因此观点可以全面深入，表达也可以更为完整；但活动时的互动需要及时跟进活动进程，往往表达简练、论点并不强求全面完整。抓住现场互动的特点和弊端后，就可以确定互动中的有效引导策略了。例如可以安排专人负责互动中的引导，根据活动进程，及时发布、调整、转换当前互动话题，这些话题既有事先的预设，也可以根据发言者和活动情况应时推进。另外对于无效信息过多的情况，如一面倒无实质内容的赞美、与主题无关的观点等，也需要及时提醒参与者注意关注对问题本身的评价和讨论。

第三，**及时总结归纳**。活动现场的线下互动一般都会得到及时反馈和总结，而利用媒体的线上互动往往得不到足够的重视和回应，使结果流于形式，反而造成参与者的负担。因此线上活动不重视量，更重视质。互动的组织者要及时收集有用信息，总结归纳，将线上观点带回现场，并在现场给予回应，这样才能拓宽时空，发挥线上活动真正的效用。

七、活动中如何使用工具？

课堂活动的主体是学生，教研活动的主体是教师，教研活动的短期目标是解决教师的某个问题，长期目标是帮助教师提高教学能力、发展专业素养。授之以鱼不若授之以渔，教师的"渔具"就是分析问题的方法、解决问题的路径，要教会教师这些思维分析路径，就要为教师提供各类"工具"。

第一，**聚焦观察视角**。教师的专业能力包含学科、教学、学科教学（PCK），教研活动对教师专业发展之所以重要，是因为活动中可以通过具体鲜活的案例，让教师在观察别人的行为时反思自己日常的教学，发现问题、解决问题，从而使教师的学科专业能力或教学能力都获得发展。学会观察对教师职后提升是一种至关重要的能力，因此帮助教师观察的工具必不可少。

观察什么、怎样观察，是工具需重点解决的两个问题。观察的对象是多角度的，除了教师，更重要的是学生视角。例如不仅需要观察学生的外在活动，还需要观察学生内在的思维活动、情感反应等，行为、语言，甚至眼神、气氛都是需要观察的对象，如何观察、如何记录，都可以通过工具教会教师，并获得教研活动中所需要的证据。

第二，**规范信息收集**。观察是一种方法，同时也是一种技能，观察者带着明确的目的，凭借自身感官，有时还需借助辅助工具（如录音录像设备等），直接或间接地从情境中收集资料，并依据资料做出分析、判断。在这些环节中，最终能科学地做出分析判断，其基础是信息的有效、准确收集。信息来源可分为两种，一种是客观的，如教材、教师的教学设计、学生的学习过程（如学案上的课堂记录）、专家的报告文本等。另一种是主观的，如观察者的笔头记录、过程中拍摄的照片等。规范收集客观、主观信息，将两者相互结合，才能产生相对正确的分析结果。仅有主观记录或只看客观文本，往往不利于结论的得出，这也正是现场教研的意义所在。

第三，**体现标准与科学**。除了观察以外，分析工具、评价工具等等都是主题教研不可缺少的，根据主题的不同，组织者还可以根据需要开发更适合主题的各类工具。这些工具具有指导性，因此科学性和符合标准都是必不可少的要求。组织者在开发或借用这些工具时，必须对工具中涉及的相关教育教学原理有充分了解，对工具的科学性，是否符合时代发展需求等都有充分的考量，才能使工具真正发挥效用。

第四章 主题教研活动评估

　　一次主题教研系列活动的结束并不意味着围绕主题的思考及其教研工作的终止。明确共识，或是观念层面的，或是操作层面的。哪些是正确的，哪些是错误的？哪些是有效的，哪些是低效的？梳理分歧，分歧有哪些？造成分歧的原因有哪些？主因是什么？分析问题。还有哪些问题没有解决？亟待解决的问题是什么？通过分析梳理、完善推广、持续推进，让每次活动的切入点变作一个向上攀爬的支点。

　　关键词：反思　持续　提升　报告　影响

一、如何对主题教研的效果进行反思？

　　第一，通过多种渠道，收集各类意见。 可以设计问卷，借助信息科技手段，了解当日活动的参与者对活动内容形式的看法——要突出重点，如活动内容的针对性、启发性、操作性。也可以通过其他方式，如现场问询、个别交流等，深入而细致地了解参与者的看法。注意做好记录，无论是数据还是文字，力求保留原貌。

　　第二，进行分析梳理，判断总体效果。 对反馈意见，可以多层面地进行分析，从较为外显的信息入手，明确其态度——或肯定或否定或质疑或兼有，又须考虑到显性信息背后的内隐的意思，加以推测——怀疑什么反对什么提倡什么需要什么；梳理不同意见，对活动的总体效果形成判断，明确参与者对活动的认同度、对活动主题的认同度。注意全面梳理，尤其要关注问题与不足。

　　第三，聚焦主要问题，寻找内在原因。 对问题与不足，可以立足于本次活动的主题，观察参与者的了解度、接受度、认同度，发现主要问题；从主题酝酿的过程、主题的表述、课堂教学对主题的呼应、论坛发言对主题内涵的阐发等方面，寻找导致问题发生的原因。注意在此过程中，仍有必要开展一定的调查研究，力求全面分析，发现主要原因。

第四，**形成调整方案，规划后续工作。**针对问题与原因，可以从课堂教学设计与实施层面，进一步做出调整，调整教学目标、教学难点、教学过程，调整教学现场的对话方式；可以围绕主题，思考如何将共识转化为教学行为并进一步推广，如何由分歧点、模糊点入手梳理出后一阶段须研究的问题，如何围绕这些问题逐步开展教研活动，等等，就此而规划后续工作。注意前后研究的连续性和调整方案工作规划的可操作性，借助表格或其他工具，力求将思考可视化，便于贯彻执行。

二、如何让教研活动的参与群体进行持续思考？

第一，**利用工具反馈意见。**可以根据每次活动的不同特点，设计表格工具，促使不同学校不同教龄的教师对活动主题的内涵、课堂实践的得失、交流研讨的共识与分歧、资料分享的效果等有所思考，并将之落实为文字，便于分享，从而进一步激发更多人的思考。表格工具的设计要注意聚焦重点，便于教师操作，便于反馈分享。

第二，**策划团队进行反思。**主题教研活动的策划团队可以结合活动现场的具体情况，追踪梳理反馈意见，对照活动规划，思考教研活动目标达成程度，在教研主题的表达、课堂教学策略方法的选择等方面进行反思，深化认识。团队内部可以有所分工，课堂实录重在如实记录，教学反思不能仅仅停留于观念层面，现场发言，包括专家点评，或摘录要点，或整理成文。注意反思结果的收集汇总。

三、活动后如何利用工具提升教研实效？

第一，**优化分享教学资源。**可以在活动之后，结合现场课堂实践的体会、从研讨中获取的感悟及其专家的意见，反思原本的教学设计，在此基础上加以调整完善。可以将活动现场发言中紧扣教研主题、切合教学实际、针对课堂教学中的困惑的思考，加以梳理，形成文字。借助多种平台，诸如网络、微信，让更多的教师能够分享。要注意的是教学资源并不在于多，而是在于精，宁缺毋滥；分享方式要便于大部分教师的操作。

第二，**充实更新教学资源。**可以在分享相关教学资源的前提下，推进后续工作。比如分享了一堂课的教学设计之后，能否有意识地发动一些教师摹课，进一步在课堂中开展实践研究；形成案例，既是对原有教学资源的补充，又可能是对原有的某些认识的拓展、深化。要注意的是这需要教研活动的组织者有清晰的规划意识、积累意识，而这里的积累绝不是简单地收集留存，而是不断地调用，在调用中补充、更新。

四、主题教研的总结报告如何撰写？

第一，**概述主要情况。**可以大致介绍活动的时间、地点、参加对象、人数、议程等基本情况，更重要的是阐述教研主题的由来，其中包括针对实际教学中普遍存在而又亟待解决的问题、分析聚焦的主要原因，初步形成的主张、对策、方法，阐释教研主题的基本内涵，而尤其是关键词、关键概念的内涵。

第二，分析活动效果。可以对照活动前的预期目标，结合现场及活动后的反馈情况，对活动的效果做出判断；在此基础上，从活动内容及形式的角度，从规划、设计、实施的角度，从人员的选择、组织的角度分析原因。要注意的是，判断活动效果的真正意义不在于自我评价，而在于寻求促进教研深入主题持续研究的台阶。

第三，提炼共识分歧。可以梳理教研活动所取得的共识，这个共识是多方面的，比如对实际教学中主要问题的判断、对主要原因的分析，比如对解决问题的策略方法及其有效性的认识，比如对课堂教学中某些环节的设计与处理，等等。可以明确分歧所在，加以梳理，分清主次。注意不能游离于教研活动的主题之外，而要围绕主题，主要从理念、观念、经验层面，从课堂教学的操作层面，提炼共识与分歧。

第四，规划后续工作。可以根据从一次活动中获得的启示，调整原有的工作安排，比如后阶段教学重点难点的定位，比如教学策略方法的确定。可以酝酿下一次教研活动的主要内容，如何解决一些分歧而增进共识，如何将观念更好地转化为课堂教学的行为。

五、怎样扩大教研的影响力？

第一，梳理成果。可以将一次主题教研活动中取得的成果加以梳理，这个成果应该是多方面的，比如经过修改调整完善之后形成的较为成熟的教学设计、作业设计，比如对教研主题所指向的问题、原因、策略方法的实践与思考，比如经过后续思考与整饬的重要发言的文字稿，等等。

第二，加强辐射。可以将成果借助多种方式加以传递，加强辐射。比如一堂能体现主题思考的课，可创设机会，跨校跨区展示，尽管文本传递、视频传递也是不错的方式，但不可否认的是借班上课、现场展示有其不可替代的作用与效果。值得注意的是加强辐射不仅仅是扩大辐射面，更要关注辐射的深度。

第三，持续推进。可以将一次主题教研活动的思考，尤其是主题认识方面所取得的共识，纳入主题话语之中，在后续的系列主题教研活动中不断强化，如有必要，也可以不断修正完善，在这样的过程中传递思考，影响更多教师。

第五章 主题教研活动实例

一、主题教研活动学前教育案例

【案例导读】

　　本案例为上海学前教育园级小班主题教研活动。它借助活动量表及微格分析，呈现了在个别化学习中教师对幼儿行为多维度的观察分析，梳理提炼了教师相应的回应策略。该案例教研目标明确，教研内容丰富，教研环节有序，教研结果实用。它不仅优化了教师支持幼儿主动学习的教育行为，提升了教师"观察—识别—回应"的专业能力，也体现了教研共同体的力量及教研经验的分享价值。

【主题策划】

主题名称	个别化学习活动中幼儿行为观察分析与教师回应策略
选题动因	现实背景与实际问题的简析： 　　个别化学习区角活动是上海新课程实践的一个突破，目的是为了使幼儿的学习活动更适合每个不同个体的发展需要和"最近发展区"，真正意义上实现幼儿的个体建构与自主发展，提升课程实施品质。围绕个别化学习区角活动开展的教研已经经历了三个阶段：阶段1，理解个别化学习区角活动的价值与特点；阶段2，小班个别化学习与游戏融合的探索；阶段3，基于主题核心经验的小班个别化学习区角活动设计与实施。近期，随着实践探索的不断深入，我们发现教师的问题主要集中在"个别化学习区角活动中教师要看些什么""个别化学习区角活动中教师如何调整环境和材料"。

（续表）

主题名称	个别化学习活动中幼儿行为观察分析与教师回应策略			

| 选题动因 | 本园教师开始将视角从个别化学习区角活动内容的创设、材料的提供、活动的结果，转向对幼儿活动的关注，观察幼儿在个别化学习区角活动中的种种表现，观察幼儿在活动中的操作过程，并在此基础上进行分析与支持回应。由此，围绕个别化学习区角活动开展的教研进入第四阶段，我们将教研主题确定为"个别化学习区角活动中幼儿行为观察分析与教师回应策略的实践研究"。

围绕"个别化学习区角活动中幼儿行为观察分析与教师回应策略的研究"。教研组通过四个步骤，将本阶段的教研活动逐渐深入推进。具体步骤包括：
步骤1：聚焦问题方阵，征集实践真问题；
步骤2：明确观察目的，了解观察内容；
步骤3：把握介入时机，梳理回应策略；
步骤4：撰写学习故事，分享有效经验。 |

总体目标：

预期目标

1. 组织教师通过对幼儿在个别化学习区角活动中的行为观察、分析，以及回应策略的研究，引导园内教师基于幼儿发展采取有效的教育行为。

2. 积累实证研究过程中的案例，撰写学习故事，完善园本课程资源。

系列活动

主题教研活动的整体规划：

参与本主题教研策划、组织和实施的团队成员主要包括徐汇区幼教教研员、宛南实验幼儿园园长、副园长、保教主任和部分骨干教师。围绕着本主题教研的策划与实施等工作，团队在2017学年第一学期中，规划、开展了一系列相关活动，具体安排如下：

序号	活动内容与要点	活动层级	时 间
1	为什么要在个别化学习区角活动中进行观察	园级教研	3月上旬
2	个别化学习区角活动中观察什么，如何观察	园级教研	4月中旬
3	如何运用"学习故事"理念分析幼儿在个别化学习区角活动中的行为表现	园级教研	5月中旬
4	个别化学习区角活动中教师如何基于观察分析，把握介入的时机与方法	园级教研	6月上旬
5	收集个别化学习区角活动中的幼儿典型行为表现，形成主要的、共性的回应方法	园级教研	6月下旬

【活动设计】

<table>
<tr>
<td rowspan="3">基本信息</td>
<td colspan="8">本活动处于整个主题教研活动系列的中期。
活动标题：
1.借助个别化学习区角活动观察表，引导教师重点从五个维度对幼儿在个别化学习区角活动中的行为进行观察与识别，提升教师的观察识别能力。
2.通过微格分析"摩天大楼高又高"，辨析、讨论教师介入的时机与方法。</td>
</tr>
<tr>
<td>活动时间</td>
<td>2017年6月13日</td>
<td>活动地点</td>
<td>徐汇区宛南实验幼儿园</td>
<td>学段/学科</td>
<td>学前教育</td>
</tr>
</table>

<table>
<tr>
<td rowspan="2">基本信息</td>
<td>活动设计团队</td>
<td>宛南实验幼儿园正副园长、保教主任、小班教研组长、小班教师、区幼教教研员</td>
</tr>
<tr>
<td>参与群体</td>
<td>宛南实验幼儿园园长、全体教师，市、区部分幼教教研员，徐汇区部分骨干教师</td>
</tr>
<tr>
<td>活动准备</td>
<td>重点环节的设计（建议从以下几方面思考，勾选后加以阐述）：
□ 编制问卷（教师、学生等）：
□ 准备研究课（试教、说课等）：
☑ 开发工具（观察、互动、评价等工具）：
☑ 准备活动资料（与教研活动相关的文本等）：
□ 其他：<u>用于现场研讨的视频</u>。

1.资料准备
• 教研活动告示单。
• 教研活动反馈单。
• 现场教研活动设计方案。
• 小班个别化学习区角活动方案。
• 研讨用视频"摩天大楼高又高"。
• 个别化学习区角活动观察表。
2.经验准备
　本学期，幼儿园围绕"个别化学习区角活动中幼儿行为的观察识别与回应"这一主题开展了研究。教师们已树立了"相信幼儿是有能力、有自信的学习者和沟通者"的理念。教师们开始从理解欣赏幼儿的视角出发，用镜头捕捉一个个鲜活的"哇时刻"，把教学的视角回归到儿童这一原点，观察、发现、倾听并记录下孩子们的学习故事，尝试分析解读幼儿的行为，帮助教师逐步形成"观察—识别—回应"的思维路径。
3.流程设计准备
（1）导入
　上次的教研活动，我们梳理形成了小班个别化学习区角活动中五个重点维度的观察表。今天，我们将再次走进幼儿活动现场，一起讨论在小班个别化学习区角活动中教师如何把握介入的时机与方法。
（2）微格分析"摩天大楼高又高"
• 视频背景介绍。
• 观察要求：根据观察工具表中的五个维度，看看圆圆有哪些行为表现？说明了什么？</td>
</tr>
</table>

	• 分析讨论：你在视频中看到了什么？发现了什么？其中发生了怎样的学习？ • "脑力激荡"时刻：你觉得该活动中教师要不要介入？如何介入？说明理由。 （3）教研总结 • 教师要有整体的价值取向，从活动的特质和幼儿的特点出发，形成我们介入时机和方法的思考路径。 • 回应的关键在于教师对幼儿真实兴趣、想法的了解，对幼儿可能的学习与发展的识别，对如何激发幼儿进一步学习的专业判断。让幼儿看到自己是"有能力的、自信的学习者和沟通者"，发现自己的学习力量。 • 延伸：收集一则个别化学习区角活动中教师在观察、识别基础上介入后又引发幼儿新的学习行为的案例。
活动准备	主题教研活动的基本流程： 1. 教研活动导入 　上次的教研活动，我们梳理出小班个别化学习五个重点维度的观察表。今天，我们将再次走进幼儿活动现场，一起讨论教师在幼儿个别化学习活动中的回应策略。 2. 微格分析"摩天大楼高又高" （1）"摩天大楼高又高"视频的背景介绍 • 建构角——造房子。 • 幼儿前期经验。 （2）微格分析视频"摩天大楼高又高" • 观察要求：请根据观察工具表中的五个维度，看看圆圆有哪些行为表现？说明了什么？ • 分析讨论：你在视频中看到了什么？发现了什么？其中发生了怎样的学习？ （3）"脑力激荡"时刻：即时介入和延时介入——直接回应和间接回应 • 你觉得该活动中教师要不要介入？如何介入？说明理由。 3. 教研小结 （1）教师要有整体的价值取向，从活动的特质和孩子的特点出发，形成我们回应策略的思考路径。 （2）回应的关键在于教师对幼儿真实兴趣、想法的了解，对幼儿可能的学习与发展的识别，对如何激发幼儿进一步学习的专业判断。让幼儿看到自己是"有能力、有自信的学习者和沟通者"，发现自己的学习能力。 （3）延伸：收集一则个别化学习活动中教师在观察、识别基础上进行回应之后又引发幼儿新的学习行为案例。
	资料： 1. 教研活动告示单。 2. 教研活动反馈单。 3. 现场教研活动设计方案。 4. 小班个别化学习活动方案。 5. 研讨用视频"摩天大楼高又高"。 6. 个别化学习活动观察工具表。

【活动实施】

主题阐述	我园从实际问题出发，围绕个别化学习活动开展的教研共经历了四个阶段：理解个别化学习活动的价值与特点，小班个别化学习与游戏融合的探索，基于主题核心经验的小班个别化学习活动设计与实施，个别化学习活动中幼儿行为观察分析与教师回应策略的研究。本阶段的教研围绕"个别化学习活动中幼儿行为观察分析与教师回应策略的研究"。教研组通过四个步骤，将本阶段的教研活动逐渐深入推进。具体步骤包括： 步骤1：聚焦问题方阵，征集实践真问题。 步骤2：明确观察目的，了解观察内容。 步骤3：把握介入时机，梳理回应策略。 步骤4：撰写学习故事，分享有效经验。 本次教研活动围绕"个别化学习活动中教师如何基于观察把握介入的时机与方法"展开。
展示/研讨	*现场教研活动要点： （一）教研导入 　　上次的教研活动，我们梳理形成了小班个别化学习区角活动中五个重点维度的观察表。今天，我们将再次走进幼儿活动现场，一起讨论教师在小班个别化学习区角活动中教师如何把握介入的时机与方法。 **个别化学习区角活动观察表**

观察时间： 观察地点： 观察对象：				
观察要素				
认知与思维	粗大动作与精细动作	情感与意志	交往与表达	个性特点
识别分析				
回应策略				

展示/研讨	（二）展示研讨 1.微格分析"摩天大楼高又高" （1）视频背景介绍。 （2）微格分析视频"摩天大楼高又高"。 • 观察要求：请根据观察工具表中的五个维度，看看圆圆有哪些行为表现？说明了什么？ • 分析讨论：在视频中，你看到了什么？发现了什么？其中发生了怎样的学习？ • 教师的观察与识别实录。 教师A：从认知和思维角度出发，视频中圆圆用奶粉罐替换椰奶罐，以达到搭得更高和更稳固的目的，我感到圆圆已经积累了下大上小的建构方法。 教师B：不仅如此，我觉得从这一点可以看出，圆圆的思维是比较灵活的，有自己的想法。 教师C：圆圆知道自己要搭建摩天大楼，她边做边想边思考，这符合小班孩子直觉行动思维这一特征。 教师D：我从她大动作发展来分析，圆圆在搭建时，有跳、踮脚、手使劲儿够的动作，用这些动作试图尽可能平视高楼，确保搭建的高楼不歪斜。她的身体具有一定的平衡性与协调性。 教师E：其实不仅大动作，我觉得这里面还有精细动作的发展，你看圆圆还会用双手将罐子叠叠整齐，这正是孩子精细动作的行为表现。 教师F：在情感方面，圆圆会用踮脚等行为来表达搭建成功的愉悦。她调整材料再次获得成功时，还得到了同伴的认可。我感到当幼儿的情感得到满足，就会激发起学习的主动性，再次投入学习，情感成为自主学习的推进器。 …… • 小结 现场教师们都观察得很仔细，对孩子进行了细致的观察，尝试去"读"孩子，才会有准确的识别，才能"懂"孩子，才能做出适当的回应。 （3）"脑力激荡"时刻：即时介入和延时介入——直接回应和间接回应 • 分析讨论：你觉得该活动中教师要不要介入？如何介入？说明理由。 • 讨论实录： 教师A：我觉得老师是不需要介入的。给他们一些自主的空间，看看他们后续会怎样，老师的介入会剥夺孩子思考的机会。 教师B：我倒是认为老师需要介入。圆圆求助的孩子不在，老师及时介入能够促进其后续活动顺利开展。 教师C：我有一些不同想法，我觉得老师的回应可以延时。比如：在分享交流阶段，抛一些问题给孩子们：出现这种情况怎么办？激发同伴之间的互相学习，来解决问题。 教师D：我觉得，老师可以给孩子一些辅助材料，比如小箱子、小板凳等，看圆圆会如何使用这些材料，这也是一种回应，既不影响圆圆的思考，又能够引发她利用环境材料自己想办法解决问题。 …… 教师H：J老师，您是班主任，我很想知道后续过程中这个问题孩子有没有解决，或老师有没有给予回应。 教师J：后续，圆圆想了一个办法，下次活动一开始她就邀请金××（个子比较高的孩子）进建构区和她一起玩。于是问题就解决了。 教师I：你看，如果老师当时介入了，可能我们真的阻断了孩子的后续思考，她也就失去了自己解决问题的机会了。 • 小结回应策略

即时介入和延时介入		直接回应和间接回应	
即时介入	延时介入	直接回应	间接回应
当幼儿求助或遇到挫折的时候，基于语言鼓励和提示，动作示范和方法指导。 ——引发模仿学习	给幼儿一些自主探索的时间去发现问题、探究问题、解决问题、提高思维能力、创造能力、交往能力、表达能力，实现幼儿由"学会"到"会学"的能力转变。 ——引发自主学习	语言提示。 ——引发模仿学习 动作示范。 ——引发模仿学习	利用环境材料支持。 ——引发新旧经验联系 利用探究式问题情境。 ——引发深度学习 利用开放式提问。 ——引发自我调节 利用同伴互动。 ——引发共同讨论

2. 教研小结

　　不管是即时介入还是延时介入，直接回应还是间接回应，在进一步和退一步之间教师要有整体的价值取向，从活动的特质和孩子的特点出发，把握介入的时机和方法。选择适宜的支持回应策略。支持回应的关键在于：

　　（1）教师对幼儿真实兴趣、想法的了解；

　　（2）对幼儿可能的学习与发展的识别；

　　（3）对如何激发幼儿进一步学习的专业判断。

　　坚持正面的回应，要尊重幼儿的个性，整合多方力量，优化回应的方法、策略，让幼儿看到自己是"有能力、有自信的学习者和沟通者"，发现自己的学习能力！

1. 主题教研活动评价指标

观察点/程度 （按程度由低到高 1 ~ 5 分）		举例/说明
主题确立： 基于问题，针对需求，有利于教师专业发展		
目标制定： 要求明确，具体可行		
活动设计： 内容合理，路径清晰		
过程呈现： 安排有序，形式多样 资源有效，参与度高		

左侧栏：展示/研讨　证据积累

	（续表）
观察点 / 程度 （按程度由低到高 1 ～ 5 分）	举例 / 说明
活动效果： 有收获有启示， 可复制可借鉴	
本次活动最大亮点	
我的一个建议	

2. 参与者对本次教研活动的满意率为100%。以下为部分参与者的评价：

• 幼儿园基于教师在开展小班个别化区角学习活动中的实际问题，进行了持续的、深入的、系列的园本教研，给我们留下了深刻的印象。

• 教研活动有序推进，体现了组织者对教研活动的精心策划。

• 本次教研活动是教师在原有经验基础上展开的，教研目标明确，环节安排有序，让教师在巩固性问题的讨论中渐渐进入新情境问题讨论，在工具表的引导下，讨论与梳理同步，通过参与者的思想交流与经验分享，将个体经验进行汇总与提炼，成为共同经验。

• 教研内容的选取，凸显了教师是教研活动的主体。

• 本次教研活动拟解决的问题源自教师实践需求，微格分析的视频案例是教师日常观察中捕捉的，案例中幼儿的行为表现具有一定的典型性，这对提升教师"观察—识别—回应"能力有很大的帮助。

• 现场教研中教师表现出良好的专业素养。讨论中，我们经常听到的是"我认为……""我觉得……""我有一些不同想法……""我很想知道……"，他们自信表达，敢于质疑，陈述有理有据，体现了教师心中装着幼儿的年龄特点，有理念、有专业功底。

• 现场教研，让我们感受到了教师学习共同体的力量和教研的分享价值。

证据积累

附件清单

1. 主题教研活动告示单。
2. 主题教研活动反馈单。
3. 现场教研活动设计方案。
4. 个别化学习活动方案。
5. 研讨用视频"摩天大楼高又高"。
6. 个别化学习活动观察工具表。

【反思与分享】

收获与共识	本次教研活动是基于观察分析的基础上，讨论：个别化学习区角活动中教师是否要介入？介入的时机在哪里？如何回应幼儿的需求？从这个小小的切入点着手，逐步进入回应策略的研究，通过这样的教研方式进一步优化教师的教育行为，使每一位教师都成为幼儿的支持者，更有效、更专业地支持幼儿主动学习。
问题与分析	本次活动预设的目标任务基本达成。但本次活动通过集体讨论形成的回应方法还比较概括、宽泛。回应的方法和具体情境中幼儿行为表现的关联度不够高。如果汇总几种具有典型性的幼儿具体行为表现，以及观察分析，再匹配更为具体的、有操作性的回应方法，这样更便于教师迁移运用。
后续行动	通过文字和影像等方式收集各年龄段个别化学习区角活动中的幼儿典型行为表现，通过教研活动进行集体讨论，形成一系列分析和回应的列举。包括，客观描述幼儿的活动环境和行为，分析幼儿的发展水平，教师可以提供怎样的环境材料、师幼互动的语言等。

案例提供者：王菁、卫晓萍、钮艺琳

【活动点评】

　　宛南实验幼儿园的这一主题教研活动，无论是现场实效还是案例表述，都不失为一个具有示范性意义的教研案例。

　　首先，主题是鲜明的。围绕个别化学习这一主题，有目的、有重点地开展了教研活动。这一主题，一方面体现了"自上而下"的要求——因为个别化学习的研究，是本市二期课改的一个创新实践，市、区两级教研部门一直倡导要结合本园实际开展园本研究，具有导向性的取向。另一方面，也反映了"自下而上"的需求——教师们在开展个别化学习区角活动时，确实存在着一系列真问题，需要破解。宛南实验幼儿园聚焦此主题开展教研活动，体现了鲜明的主题性。

　　其次，教研是持续的。幼儿园从2012年开始，持续5年，进行了四个阶段的教研活动，且每个阶段所解决的教师问题是有重点的、是清晰的：教研内容从体会个别化学习区角活动的价值、特征，到理解课程各要素（如个别学习与集体学习、个别学习与自主游戏等）的关系；从基于核心经验的活动设计、实施，到过程中对幼儿行为的观察、分析与回应。持续的教研，让主题教研的实效，随着时间的推迟能充分体现出来。另外，这种教研的持续性，还在本案例中充分反映出来了，既有对本次教研活动的精心"设计"，更有对该主题系列活动的整体性"策划"。由此，本次教研的效果就分外凸显。

　　再者，教师是有获得感的。主题教研，其核心意义，就是为了解决教师在课程实践中的困惑、难题，真正提高教师的课程实施水平和课程领导力。幼儿园坚持开展主题教研活动，让我们感受到教师专业水平和专业素养提升的真实性。此外，本次教研活动效果明显的另一个值得分享的经验是，在设计教研内容时，抓住了关键性问题，用教研工具予以格式化、可视化。如，在"观察工具"中，对观察要素进行分类，让教师对幼儿行为的观察、分析更有目的性、有序性。又如，在教研小结时，把"介入"与"回应"的方法予以梳理、归类，使教师在专业上的获得感更加理性、更具实效。

点评人：上海市教育委员会教学研究室幼教教研员、特级教师　黄琼

二、主题教研活动小学英语案例

【案例导读】

本案例为上海小学英语学科市级主题教研活动。在"基于课程标准的单元整体教学"背景下，它完整呈现了主题教研活动的基本流程，回顾展示了上海小学英语学科单元整体教学在学科建设、课程实施及教师发展过程中的阶段性成果，聚焦探讨了"语境带动"和"语用体验"在课堂教学实践过程中的规范性和有效性。该案例基于教研转型的新要求、基于教研实际的新问题，为区域教研、校本教研等提供了可实施、可复制、可推广的教研范式。

【主题策划】

主题名称	小学英语学科基于课程标准的单元整体教学——语境带动　语用体验
选题动因	现实背景与实际问题的简析： 一、市教研室项目背景 　市教研室基于教研转型的新要求和教研实际的新问题，开展《主题教研的研究与实践》项目研究，尝试建立一套可操作、可推广的主题教研范式，规范当前的教研活动，从而提高区域和学校的教育教学质量。 二、英语学科实践研究 　2008年以来，小学英语学科以"单元整体教学"为实践与研究的重点项目。围绕"单元统整—内容整合—语境带动—语用体验"16字单元整体教学实施指南，开展了系列的"主题教研活动"。目前正在进一步探索"主题教研活动"更强的针对性、更好的时空性和更广的辐射性，形成小学英语学科"主题教研活动"的基本范式。 　在"基于课程标准的教学与评价"背景下，如何进一步规范单元整体教学的设计与实施，推动"单元整合""内容统整""语境带动"和"语用体验"等要素在教学实践中的有效落实，需要通过系列同主题教研活动加以梳理和提供解决方案。 　教研活动主题的思考与确定（建议从以下几方面思考，勾选后加以简述）： ☑ 主题所呼应的区域或学校的项目研究。 ☑ 主题所呼应的学科教研年度主题。 ☑ 主题所回应的教育教学实践中的重难点问题。 □ 其他：_____。

选题 动因	简述： 　　本次活动将重点聚焦对"语境带动"和"语用体验"在课堂教学中实践规范性和有效性的探讨，旨在回顾和展示小学英语单元整体教学在学科建设、课程实施及教师发展过程中的阶段性成果；探讨和提升教研员和一线教师对"基于课程标准的单元整体教学"项目进一步规范的精神领会和教学实践的落实；探索和初步形成"基于课程标准"背景下规范和深化小学英语单元整体教学的基本路径。
预期 目标	主题教研活动的总体目标和期望效果： 　　1. 促进教研员和教师理解、把握英语课程标准目标与要求。 　　2. 总结"基于课程标准的单元整体教学"有效途径与方式。 　　3. 推动英语教师的专业成长，形成小学英语优秀教师团队。 　　4. 关注小学生学习能力持续发展，提升英语综合运用能力。
系列 活动	主题教研活动的整体规划（说明活动名称、开展活动的预计日期）

小学英语学科基于课程标准的单元整体教学主题教研

系列活动一览表

专场内容	活动时间	活动地点	活动主题	策划、参与	备注
单元统整	2015年6月23日	徐汇区 上师大附属小学	基于课程标准的小学英语"单元统整"的实践研究	徐汇、长宁 浦东	完成
内容整合	2015年12月28日	普陀区上外尚阳 外国语学校	单元整体教学背景下"内容整合"的实践研究	普陀、静安 嘉定	完成
语境带动	2016年4月26日	闵行区田园外语 实验小学	单元整体教学背景下"语境设计"的实践研究	金山、松江 青浦、闵行	完成
语用体验	2016年11月29日	虹口区 柳营路小学	单元整体教学背景下"语用体验"的实践研究	崇明、奉贤 杨浦、虹口	完成
语境带动 语用体验	2017年3月30日	闵行区 实验小学	小学英语基于课程标准的单元整体教学主题教研之"语境带动 语用体验"	小学英语学科主题 教研项目核心团队	实施中
目标制定	2017年5月	待定	《教学基本要求》专题一 单元和单课的目标制定	虹口、杨浦 宝山、崇明	计划中
练习设计	待定	待定	《教学基本要求》专题二 单元和单课的练习设计		计划中

【活动设计】

基 本 信 息	本次活动与主题教研活动系列的关系： 　*本次活动为"基于课程标准的单元整体设计教学"整个主题教研活动系列之五。 　*活动标题：小学英语学科基于课程标准的单元整体教学——语境带动　语用体验。 　*活动目标： 　回顾和展示小学英语单元整体教学在学科建设、课程实施及教师发展过程中的阶段性成果； 　探讨和提升教研员和一线教师对"基于课程标准的单元整体教学"项目进一步规范的精神领会和教学实践的落实； 　探索和初步形成"基于课程标准"背景下规范和深化小学英语单元整体教学的基本路径。

（续表）

基本信息	活动时间	2017.3.30.	活动地点	闵行区实验小学	学段/学科	小学英语
	活动设计团队	小学英语学科主题教研项目核心团队				
	参与群体	（1）各区教研员 （2）小学英语学科中心组成员 （3）小学英语名师基地学员 （4）小学英语外语类及外语特色校教研联盟各成员校代表 （5）各区教师代表。 （共计500人左右）				

活动准备	重点环节的设计（建议从以下方面思考，勾选后加以阐述）：
	☑ 编制问卷（教师、学生等）： 问卷调查：完成了"上海教研在线网"问卷调查，收集上海各区小学英语教师在实施单元整体教学过程中，特别是对于语境，语用两个要素的实践过程中普遍面临并亟待解决的问题。 ☑ 准备研究课（试教、说课等）： 闵行区实验小学承担本次主题教研活动的课堂教学实践任务，活动正式开始之前进行了三次试教和说课准备。市、区教研员及项目组全体成员参与磨课、试教等工作。 ☑ 开发工具（观察、互动、评价等工具）： **（三）网络互动研讨** **结合现场活动资料，就以下问题进行线上互动研讨：** 1. 您能用简单的话语谈谈您对"语境带动，语用体验"的认识吗？ 2. 您能用简单的话语谈谈您对现场活动的感受或对今天的研讨主题"语境带动，语用体验"还有什么困惑吗？ 3. 您在学校的校本教研中把活动中的哪些元素跟老师们进行了分享？ ☑ 准备活动资料（与教研活动相关的文本等）： 主题教研项目活动展示活动预习资料： 📁 1. 有关资料 📁 2. 讨论与思考 📁 3. 阶段成果 📁 4. 小学英语主题教研活动设计草案 ☐ 其他：_____

（续表）

活动准备	主题教研活动的基本流程： 1. 项目背景——"主题教研"项目工作介绍。 2. 活动序言——回顾小学英语单元整体教学历程。 3. 主题阐释——阐释学科教研主题。 4. 课堂实践——团队说课、教学展示。 5. 现场互动——分析前期数据，交流核心问题。 6. 微型报告——小学英语学科"基于课程标准的单元整体教学"的实践与研究动态。 7. 反思点评——对小学英语学科"主题教研"设计与开展的反思和点评。 8. 领导讲话——对（本场）主题教研活动设计与开展的建议。 9. 活动尾声——回顾整场教研，强化活动感受。
	建议积累的资料： 1. 主题活动方案（活动告示单）。 2. 主题活动录像。 3. 课堂教学资料（说课内容、教学设计、课堂实录）。 4. 专家主题报告、点评资料。 5. 活动新闻稿及照片。 6. 主题教研活动意见反馈单。

【活动实施】

主题阐述	* 从发言、微报告中归纳提炼与主题相关的要点。 * 语境带动是指：第一，基于教材和学生，教师去创设语境。第二，基于这样创设的语境和设定的目标，带领学生去学习。以语境为载体推进教学。教师基于学生年龄特征与单元及单课教学内容，创设富含童趣与情趣，聚焦知识与技能，关注策略与情感，落实学习与交流的语言情境，全程推进教学。 * 语用体验是指：基于语言内容的一种学习体验，基于这种体验的能力的形成。以语用为目标强化体验。教师不断实践并创新有目标，重内容，讲艺术的教学方法，引导学生联系生活及自身学习经历，主动参与到各项教学活动中，锻炼各项语言基本技能；形成有效学习策略；逐步提高综合语言运用能力。 * 知识和技能是语言学习首先启动的核心指向，学生最后要达到的是语用能力。知识是积的，技能靠形成，语用是靠积累逐渐提升的。 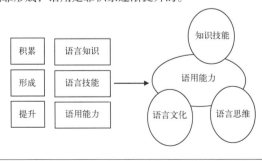

（续表）

主题阐述	* 语用能力是很重要的学习指向，语用能力学习指向的支撑首先是通过课堂教学的知识和技能引导下的一种能力的形成，这种知识和技能引导的能力的形成过程，又带动了语言的思维、感受到了语言文化。 （摘自朱浦报告、祁承辉发言）

* 课堂展示活动实录节选：

课堂活动设计（1）：

While-task procedures	1. Materials for making tea	1—1 Listen and answer 1—2 Watch and say 1—3 Do pair-work	视听导入单课语境，引出泡茶话题。了解泡茶所需材料及用具。角色扮演，进行语用。

课堂活动设计（2）：

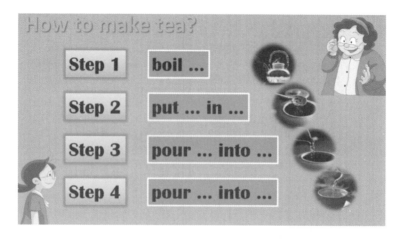

（续表）

展示研讨	课堂活动设计（3）：  *研讨或点评的要点、实录节选等。 　　如今英语课堂中存在的普遍问题：（1）语境缺失，主要指语言语境，情景语境，文化语境和时空语境。（2）单列式的课堂教学，以词句分述为主。（3）整体式课堂教学，以词句文为一体。 　　今天的课堂是一次突破，老师用语境创设的方法，以语境式课堂教学，将句文境合并呈现。 1.语境的创设 　　本课中呈现了多元语境，从而让学生浸润于 making tea 的语言环境中学习语言、感悟语言和语用语言。

语境形式	语 境 内 容
语言语境	Text book P.47 & 48
情景语境	Grandma and Kitty are making tea in the kitchen.
文化语境	Knowing about English black tea
时空语境	Making tea for the teacher

　　语境之于知识，犹如汤之于盐。盐需要溶入汤中才便于吸收，知识也需要融入语境之中，才能显示出活力和美感，才容易被学生理解、消化、吸收。

　　本节课中教师结合多元语境，融入多种教学策略，带动本课的核心语言学习，从显性的语言知识到隐性的思维、文化等方面触动学生的情感体验。

（续表）

	2. 语境带动的语用体验			
展示研讨	语境形式	活动设计	语 用 体 验	知识水平
	语言语境 情景语境	视听导入 图文配对 阅读文本	感知了解语言内容 （激活学生思维、激发学习兴趣）	知道
	语言语境 情景语境 文化语境	问题引领 角色表演 视听欣赏	熟悉理解语言内容 （形成学习策略、感悟语言文化）	理解
	语言语境 情景语境 时空语境	互动交流 角色表演 现场演绎	灵活运用语言内容 （触动情感体验、开放思维空间）	应用
	语境带动	教学策略	带动显性+隐性体验	课标要求

学生在本堂课中知识水平层面的要求达成了从知道到理解再到应用，学生的学习兴趣、语言思维、学习策略等得到了不同程度的发展。这些丰富的学习经历与语用体验都依托于语境的带动。

语境可以使学科知识有丰富的附着点和切实的生长性；语用可以带动学生思维发生、能力成长、情感涵养及文化体验。水是生命之源，语境是语用能力形成之源，离开了水，生命就枯萎，离开了语境，学生的语用体验枯燥苍白。

证据积累

*基于工具的课堂观察（基于观课记录或数据记录的评课要点）。
*互动评课（基于网络平台及现场互动的汇总数据等）。
*教研活动评价（基于网络平台及现场互动的汇总数据等）。
基于活动后续的网络互动研讨，得到数据如下：

4.您对"语境带动、语用体验"的活动资料＿＿＿＿浏览和学习。[单选题]
选项	小计	比例
A.有	2185	98.87%
B. 没有	25	1.13%
本题有效填写人次 2210
表格饼状图圆环图柱状图条形图

5.您＿＿＿参加过前期相关的＿＿＿＿活动。[单选题]
选项	小计	比例
A.有…网上学习和调研	906	41%
B. 有…现场观摩和互动	226	10.23%
C. A & B	1061	48.01%
D. 没有…任何	17	0.77%
本题有效填写人次 2210
表格饼状图圆环图柱状图条形图

6. 您认为这些学习和观摩会对您今后的教学实践带来＿＿＿＿帮助。[单选题]
选项	小计	比例
A. 很大的	1912	86.52%
B. 一般的	284	12.85%
C. 很少的	12	0.54%
D. 没有	2	0.09%
本题有效填写人次 2210
表格饼状图圆环图柱状图条形图

（数据来自网络教研统计）

（续表）

附件清单	将本次活动后需积累的资料以清单形式列出： 1. 主题活动方案（活动告示单）。 2. 主题活动实况录像。 3. 课堂教学资料（说课内容、教学设计、课堂实录）。 4. 专家主题报告实录、点评资料。 5. 活动新闻稿及照片。 6. 主题教研活动意见反馈单。

【反思与分享】

收获与共识	*关于语境带动，语用体验： 　　有语境才有语用体验（经历可能），有语用才有提高（带动语言学习的可能），有语境才有（语言）文化（渗透的可能），有语用才有（语言学习）策略习惯方法的形成（的可能）。 　　语境带动和语用体验的操作性是：（1）基于学科目标的指向；（2）基于学习者发展的需求；（3）基于内容模块的设计。 　　*关于主题教研： 　　主题教研我们在研究及实施中，其目的是关注教学目的和教研方式。我们会更清楚地知道今天问题究竟在哪里，我们会更加动脑筋想怎么解决这些问题。第二，教研文化的形成不是一蹴而就的，要关注教师要什么，团队要什么。思考教研的模式，也许会对我们未来的工作、改善教研的内涵与质效提出更多的要求。 　　进一步明确通过建立一套可操作、可推广的主题教研范式，规范当前的教研活动，提升教研实效。 　　主题教研活动是实证教研的一个很重要的组成部分，市级层面的主题教研活动为区域和学校层面提供了典型范例。对教研员和现有的教研活动进行咨询访谈，明确需要重点解决的问题，形成教研的导向性分类、过程性规准。 　　本次教研活动的内容充满了思想和学术；教研活动的过程充满了愉悦和魅力；而教研活动的结果充满了智慧和启迪，梳理了影响和推动全市教研的经验。
问题与分析	在市教研室学科主题教研的引领下，区域层面的教研转型与教研生态逐步建立，各区教研员和骨干教师对于主题教研的认识和理解有了明显的提升。但是学校层面的教研活动主题的聚焦化与效果的有效化还不是特别明显，对于主题教研的实证研究还缺乏实践和行动。
后续行动	小学英语学科基于市教研室基于教研转型的新要求，基于教研实际的新问题，开展《主题教研的研究与实践》项目工作，进一步明确了通过建立一套可操作、可推广的主题教研范式，规范当前的教研活动，指导和帮助教师围绕课程与教学实践中的真问题，针对本学科学段教学发展的特定需要和课程实施的具体问题开展教研活动，从而提高区域和学校的教育教学质量的指导思想。 　　我们也希望通过本场主题教研活动的开展，为《主题教研的研究与实践》项目提供教研案例，为区域教研、学校教研提供可实施、可复制的教研范式。 　　我们将继续利用网络教研的方式，将本次活动的所有资料呈现于"上海教研在线网"，提供更多的教师教研资源；同时我们也将把本场活动引发的思考和问题作为网络教研任务，供大家开展网上互动，期待更多的学校和老师能从主题教研中获益。

附件：活动工具表

（一）活动告示单

时　间	2017年3月30日	学　科	小学英语
地　点	闵行区实验小学（春城校区）	策划组织	小学英语学科主题教研项目核心团队
教研主题	小学英语学科基于课程标准的单元整体教学（语境带动，语用体验）	出席对象	（1）各区教研员 （2）小学英语学科中心组成员 （3）小学英语名师基地学员 （4）小学英语外语类及外语特色校教研联盟各成员校代表 （5）各区教师代表 （预计350人＋闵行区教师代表）
教研活动的设计	概　　　　述		
选题的动因	一、市教研室项目背景 　2016年1月—2018年12月，市教研室基于教研转型的新要求和教研实际的新问题，开展《主题教研的研究与实践》项目研究，尝试建立一套可操作、可推广的主题教研范式，规范当前的教研活动，指导和帮助教师围绕课程与教学实践中的真问题，针对学科（学段）教学发展的特定需要和课程实施的具体问题开展教研活动，从而提高区域和学校的教育教学质量。 二、英语学科实践研究 　（1）现实背景和发展需求 　2008年以来，小学英语学科以"单元整体教学"为实践与研究的重点项目。数年来一直以"基于课程标准的单元整体教学"为抓手，围绕市教研员总结提炼的"单元统整—内容整合—语境带动—语用体验"16字单元整体教学实施指南，开展了系列的"主题教研活动"（见附录1）。通过前期"尝试单元整体教学—实践单元整体教学—反思单元整体教学"等阶段性工作路径，广大教研人员和学科教师，已经明确认识到该项目对落实小学英语学科课程目标、提升学科教学质量与促进学生语言学习能力起到的积极作用。目前正在进一步探索"主题教研活动"更强的针对性、更好的时空性和更广的辐射性，形成小学英语学科"主题教研活动"的基本范式。 　（2）研究重点和针对问题 　在当前"基于课程标准的教学与评价"背景下，如何进一步规范单元整体教学的设计与实施；推动"单元整合""内容统整""语境带动"和"语用体验"等要素在教学实践中的有效落实，是该项目现阶段和后续发展的研究重点和工作重心。针对广大教师（包括教研员）存在的对于"单元目标与单课目标的确立""整体内容与主题话题的呼应""语境创设与学习经历的融合"以及"语用体验与综合能力的互动"等问题，需要通过系列同主题教研活动加以梳理和提供解决方案。		

（续表）

<table>
<tr><td>活动
过程
安排</td><td>

时　间	活动板块	活 动 内 容	活动负责
13:30—13:40	项目背景	“主题教研”项目工作介绍	朱浦、祁承辉
13:40—13:45	活动序言	回顾小学英语单元整体教学历程	朱浦、祁承辉 王珏
13:45—14:00	主题阐释	● 阐释学科教研主题 ● 宣布本场活动安排 ● 提出参与活动要求 ● 分享网络教研资料	朱浦、祁承辉 瞿莉蓉、朱捷 颜黎华
14:00—14:45	课堂实践	● 团队说课 ● 教学展示	王梅宝、瞿莉蓉 闵行实验小学团队
14:45—14:55	现场互动	分析前期数据，结合观课思考，核心问题交流	傅璟、朱虹
14:55—15:15	微型报告	小学英语学科“基于课程标准的单元整体教学”的实践与研究动态	朱浦
15:15—15:25	活动茶歇		闵行区实验小学
15:25—15:40	反思点评	对小学英语学科“主题教研”设计与开展的反思和点评	策划团队 项目团队 主任团队
15:40—15:55	领导讲话	对（本场）主题教研活动设计与开展的建议	市教研室领导
15:55—16:00	活动尾声	回顾整场教研，强化活动感受	朱浦、祁承辉、 闵行实验小学团队 田园外小英语团队

</td></tr>
<tr><td rowspan="4">活动效果
预估</td><td>1. 促进教研员和教师理解、把握英语课程标准目标与要求。</td></tr>
<tr><td>2. 总结“基于课程标准的单元整体教学”有效途径与方式。</td></tr>
<tr><td>3. 推动英语教师的专业成长，形成小学英语优秀教师团队。</td></tr>
<tr><td>4. 关注小学生学习能力持续发展，提升英语综合运用能力。</td></tr>
</table>

（续表）

活动资源（材料）	1. 活动方案（活动告示单）	*具体资源（材料）附后
	2. 活动全程录像	
	3. 课堂教学活动资料（说课内容、教学设计、课堂实录）	
	4. 专家报告、点评资料	
	5. 活动新闻稿及照片	
	6.《主题教研活动意见反馈单》	

（二）活动反馈表

主题教研活动名称	小学英语学科基于课程标准的单元整体教学主题教研"语境带动、语用体验"专场		活动时间	2017年3月30日13：30—16：00
	观察点／程度（按程度由低到高评分，1—5）			举例／说明
教研主题	针对教学中普遍关注的关键性问题并着力解决，有利于教师专业发展			
活动过程	安排紧凑、有序；提供的资源实用、有效；活动有特色、有创新			
活动效果	有收获有启示可复制借鉴			
活动最大的亮点				
我对活动提出一个"建议"				

（三）活动任务设计表

过程	任 务	任 务 内 容	形式	备 注
活动前	1. 浏览相关资料 2. 完成问卷调查 3. 明确活动任务	1—1 "主题教研"的基本资料 1—2 "语境带动"和"语用体验"主题研讨资料 2—1 参与人员基本信息：身份、教龄、性别（选择） 2—2 "双语"活动主题的了解情况；(选择） 2—3 "双语"活动主题的认识情况。（简答） 3—1 活动中的任务要求	网络任务	网络教研员颜黎华负责；相关技术公司保障（后台统计相关数据和信息）
活动中	1. 完成签到问卷调查 2. 参与现场互动问答 3. 完成现场即时评价 4. 明确后期网络教研任务	1—1 参与人员基本信息：身份、教龄、性别（选择） 1—2 前期参与情况了解（选择） 2—1 您在课中主要关注怎样的语境创设？ 2—2 您所关注的这个语境创设，在课中带动学生怎样的语用体验？ 3—1 微信签到页面完成活动评价 4—1 活动后的任务要求	现场任务	闵行区实验小学负责；会场网络支持；相关技术公司保障（后台统计相关数据信息）
活动后	1. 完成相关问卷调查 2. 浏览相关活动资料 3. 参与网络问题研讨	1—1 参与人员基本信息：身份、教龄、性别（选择） 1—2 前期参与情况了解（选择） 2—1 课堂实录（说课、上课） 2—2 专家微报告 3—1 继续研讨现场互动的问题	网络任务	网络教研员颜黎华负责；相关技术公司保障（后台统计相关数据和信息）

案例提供者　朱　浦

【活动点评】

1. 活动主题明确

本次活动主题鲜明，围绕"语境带动　语用体验"这一主题，有目的、有重点地开展了教研活动，进一步明确了通过建立一套可操作、可推广的主题教研范式，规范当前的教研活动，指导和帮助教师围绕课程与教学实践中的真问题，针对本学科学段教学发展的特定需要和课程实施的具体问题开展教研活动，从而提高区域和学校教育教学质量的指导思想。

"语境带动　语用体验"这一主题，一方面体现了"小学英语学科基于课程标准的单元整体教学"的要求——"语境带动　语用体验"的研究是小学英语学科单元整体设计中一直倡导要开展的专题研究之一，具有学科研究的导向性。另一方面，也反映了教师层面的需求——教师们在开展"语境带动　语用体验"的实践中，确实存在着一系列真问题，需要研究破解。市教研室小学英语学科聚焦此主题开展教研活动，体现了鲜明的主题性。

2. 教研过程持续

"语境带动　语用体验"为"小学英语学科基于课程标准的单元整体设计教学"整个主题教研活动系列之五，活动回顾和展示了小学英语单元整体教学在学科建设、课程实施及教师发展过程中的阶段性成果；探讨和提升了教研员和一线教师对"基于课程标准的单元整体教学"项目进一步规范精神的领会和教学实践的落实；探索和初步形成"基于课程标准"背景下规范和深化小学英语单元整体教学的基本路径。市教研室小学英语学科组组织了系列性的市、区级层面教研活动，每次活动所解决的教师问题是有重点的、是清晰的：教研内容从体会单元整体教学的价值、特征，到理解各设计要素的重点。从基于核心经验的活动设计、实施，到过程中对教师课堂行为改变的观察、分析与回应。持续的教研，让主题教研的实效，随着时间效应能充分体现出来。

3. 教师收获丰富

主题教研，其核心意义，就是为了解决教师在课程实践中的困惑、难题，真正提高教师的课程实施水平和课程领导力。市教研室小学英语学科开展的本次主题教研活动的内容充满了思想和学术；教研活动的过程充满了愉悦和魅力；而教研活动的结果了充满智慧和启迪。本次活动为区域教研、学校教研提供了可实施、可复制的教研范式。并且利用网络教研的方式，将本次活动的所有资料呈现于"上海教研在线网"，提供了更多的教师教研资源；同时也把本场活动引发的思考和问题作为网络教研任务，供大家开展网上互动，以便更多的学校和老师能从主题教研中获益。本次教研活动梳理了影响和推动全市教研的经验，让老师们感受到这是一次助力提升专业水平和专业素养的好资源、好平台。

点评人：闵行区教育学院小学英语教研员　王梅宝

三、主题教研活动初中数学案例

【案例导读】

本案例为上海初中数学学科片级主题教研活动。它通过课堂观摩、专题微报告、主题研讨，呈现了区校对"学习进程"研究的阶段性成果及"指向核心能力发展的过程与方法目标"研究的深度思考。该案例呼应了学科教研年度主题，聚焦了课堂教学真实问题和实证研究教研新方法，加强了学科教师对教研主题的科学性分析和研究，对区域和校本教研有着可复制的借鉴意义。

【主题策划】

主题名称	关注学习进程，发展核心能力——初中数学"指向数学核心能力发展的'过程与方法'目标再研究"系列主题教研活动
选题动因	现实背景与实际问题简析： 1. 区域学科教研缺乏实证意识和科学方法支持 　（1）区域和校本开展数学学科教研活动的方式较为传统，缺乏证据意识； 　（2）支持实证性教研活动的方法和手段较为缺乏，需要进一步学习和实践。 2. 区域数学课堂教学中普遍存在着的以下问题 　（1）片面追求情境设计，缺乏对情境与目标、情境与内容之间关系的把握； 　（2）简单依赖传授模式的教学，缺乏对课堂有效对话的分析和价值研究； 　（3）过于偏重解题训练，缺乏对数学思维的指导和育人价值的呈现； 3. "关注学习进程"的研究与实践有待专业助力 　（1）全市初中数学教研活动围绕着去年的教研主题"指向核心能力发展的过程与方法目标再研究"开展，已取得初步成效； 　（2）承办活动的学校近年来正在开展有关"学习进程"的课题研究，数学教研组期待借助本次教研活动交流实践心得和阶段成果，希望获得同行们的专业指导，让这项研究与全市教研主题能更好地形成关联，进一步推进自身研究与实践。
	教研活动主题的思考与确定（建议从以下几方面思考，勾选后加以简述）： ☑ 主题所呼应的区域或学校的项目研究。 ☑ 主题所呼应的学科教研年度主题。 ☑ 主题所回应的教育教学实践中的重难点问题。 ☐ 其他：_____ 简述： 　本年度初中数学年度教研主题是"指向核心能力发展的过程与方法目标再研究"，目标是进一步厘清对三维目标中的"过程与方法"目标的认识偏差，进一步强调"核心能力"的发展需体现在"过程与方法"目标的落实上。本次活动的承办学校——上海市江湾初级中学——近年来正在部分高校专家指导下开展有关"基于学习进程分析的各学科教学改进实践研究"的课题研究，其核心概念"学习进程"，既包含了学习过程，又体现了"进阶"，即与学生在过程中取得的发展与进步。这一教研活动，既可以推动年度教研主题的深入，又可以体现学校和区域对相关主题的认识和实践心得。通过本次主题教研，一方面从数学课堂教学实践层面展示江湾初级中学的数学教师对学生数学学习进程的关注，另一方面，引导教师认识发展学生核心能力的正确路径，为进一步培育学生数学学科核心素养打好基础。 　此外，本次主题教研的选题还希望渗透区域初中数学教研开展的"学科育人价值"研究。同时，在活动中尝试开展对学生学习进程的课堂专项观察，初步体现实证研究的教研方法。

（续表）

预期目标	主题教研活动的总体目标和期望效果： 　　1. 研究初中平面几何教学内容中处于不同单元的相同思想方法的教学，探索这些相关教学内容教学之间的内在关系，并以两节处于不同年级的相关教学研究课为载体，开展对部分核心内容的分析和解读。 　　2. 探索如何更好地落实"过程与方法"目标，体现学科教学基本要求，有效促进学科核心能力发展。 　　3. 展示江湾初级中学有关"学习进程"课题研究阶段性成果，并以此为载体进一步开展"指向核心能力发展的过程与方法目标"的深度研究，让数学教学不仅关注学习过程，更能支持学生在学习过程中有效发展核心能力。
系列活动	主题教研活动的整体规划（说明活动名称、开展活动的预计日期）： 　　1. 2017年9月，"'基于学习进程分析的各学科教学改进实践研究'的阶段成果汇报"，校本教研，市区教研员参与； 　　2. 2017年10月，"从学习过程到学习进程——主题教研相关理论学习和研讨"，校本教研，市区教研员参与； 　　3. 2017年11月初，"中心对称与倍长中线法的内在关系与教学中的呈现策略研究"，校本教研，市区教研员参与； 　　4. 2017年11月23日，"关注学习进程，发展核心能力"，全市教研，各区教研员和数学老师代表参与； 　　5. 2017年12月，"加强单元设计，关注学习进程——对市主题教研活动的总结和反思"，校本教研，市区教研员参与。

【活动设计】

基本信息	本次活动与主题教研活动系列的关系。 　　*本次活动为"活动4"，是市级初中数学教研活动，这次活动也是整个主题系列教研活动的关键。 　　*活动标题：关注学习进程，发展核心能力。 　　*活动目标： 　　1. 研究七年级"中心对称"内容与八年级几何证明内容中的"倍长中线法"的内在联系，通过相关教学研究课，开展对初中平面几何教学不同单元内容之间内在关联的分析和解读。 　　2. 通过两节不同年级的研究课，探索如何更好地落实"过程与方法"目标，有效促进学科核心能力发展。 　　3. 展示区校对于有关"学习进程"研究的阶段性成果，并以此为载体进一步开展"指向核心能力发展的过程与方法目标"的深度研究。				
	活动时间	2017年11月23日	活动地点	虹口区江湾初级中学	学段/学科	初中数学
	活动设计团队	江湾初级中学数学教研组，虹口区初中数学教研员等			

基本信息	参与群体	（1）各区初中数学教研员。 （2）各区初中数学教师代表。 （3）市初中数学青年教师研究组等。 （预计150人左右）
活动准备		重点环节的设计（建议从以下方面思考，勾选后加以阐述）： ☑ 编制教师问卷： 　基于问卷数据深度挖掘学情信息，引导学校项目研究组科学地开展对"学习进程"的认识；由教研组重点准备，教研员参与指导，基于移动平台实施问卷。 ☑ 准备研究课（试教、说课等）： 　教研活动设计团队共同从学校教研组的7、8年级备课组中各推荐一名教师准备一堂体现活动主题的研究课。这两堂研究课的特点是学习内容具有相关性，体现不同单元内容之间的内在关联。 ☑ 开发工具（观察、互动、评价等工具）： 1. 课堂观察工具： 　学校设计基于进程分析的课堂观察记录表，关注预设的课堂活动实践点、教学活动及提问、学生反应与教师的理答、应对等等，观察与分析关注"学习进程"形态下学生的课堂对话和学习活动。 　选派学校数学教研组部分教师担任活动时的课堂观察员（每个学生学习小组安排一位观察员），在评课活动时基于观课数据开展评课交流。 2. 学习效果"前测"工具： 　学校教研组开发基于学习进程的"前测"题，通过课前检测准确了解学生（尤其是8年级学生）的学习经验和相关知识储备掌握情况，适时调整教学方案。 3. 课堂教学评议工具： 　基于在线问卷类平台模板设计，移动平台（手机或平板）操作。即时评议，现场反馈；包含教学评价、在线提问、评议教学等功能。 4. 教研活动评议工具： 　基于在线问卷类平台模板设计，移动平台（手机或平板）操作。活动后评议，后台汇总数据，实现对教研活动的评价；包含教研活动总体评价、为本次教研活动提供建议等功能。 ☑ 准备活动资料（与教研活动相关的文本等）： 　1. 专题微报告。区教研员与数学教研组尝试采用TED模式开展专题微报告，展示区域初中数学教研与学校项目开展。 　2. 活动资料下载清单。通过网络平台发布活动信息和相关活动资源的二维码下载清单。教师可以通过扫描二维码实现：在线签到参加教研活动、下载与活动相关的文本资源以了解活动基本要点、能在活动中使用相应的观课工具或评议工具，实现深度参与。
		主题教研活动的基本流程： 1. 集体观课活动： 　第一节：7年级"§11.4 中心对称"，执教：严佳琦老师。 　第二节：8年级"§19.2 证明举例——倍长中线法"，执教：韩春芝老师。 　说明：观课活动为实况转播，参加活动的教师一同在学校礼堂观摩。上课教室仅安排专门的观课小组进入，开展基于课堂观察工具的观课记录。

（续表）

活动准备	2. 校长致辞： 　由江湾初级中学校长致辞并对学校情况做简要介绍。 3. 专题微报告： 　（1）《依托项目研究，助力专业成长》，汇报人：虹口区初中数学教研员朱丽霞老师 　（2）《数学学科基于学习进程分析的教学改进实践》，汇报人：江湾初级中学数学教研组组长 金叶红老师 　说明：两位执教教师穿插其间，结合活动主题开展简要的课后说课。 4. 主题研讨： 　（1）课堂观察研究小组代表评课； 　（2）互动评课活动； 　（3）市教研员主旨发言。 　说明：围绕教研活动主题开展研讨交流，实现现场和线上的互动交流，凸显基于网络平台的课堂评价和教研活动评价特色。
	建议积累的资料： 　1. 教研活动方案、教研活动通知、课堂教学设计资料、专题微报告提纲等。 　2. 相关工具的文字资料。

【活动实施】

主题阐述	本次教研活动的主题是"关注学习进程，发展核心能力"，是全市初中数学年度教研主题"指向核心能力发展的过程与方法目标再研究"的一次研究，也是区域和学校已有的研究成果的展示。解读本次活动的主题，主要从两个方面入手： 　　第一，如何认识"学习进程"。学习过程和学习进程有很多关联之处，但内涵又有很多区别。"进程"的概念有两重内涵，第一重就是"过程"，就像学习过程，需要一个一个环节地去把握，应体现有序的特征；第二重有"进阶"的内涵，应体现不断推进、不断提升的特征。界定好这个核心概念，是完成本次活动主题研究的非常重要的基础。 　　第二，如何发展核心能力。本年度教研主题"指向核心能力发展的'过程与方法'目标再研究"，其实是一项重要的反思性研究。三维目标的提出已有十多年，但对于"过程与方法"目标的认识，广大教师的确还存在不少误区。在国家课程改革明确提出"培育学生核心素养"的当前，如何更好地实践核心素养的教学，如何把握好"三维目标"与"核心素养"之间的关系，这些都是教研中需要深入探究的问题。从目前对学科核心素养的界定来看，主要包含三个关键词：关键能力、必备品格和正确价值观念。可见，能力培养是核心素养培育的组成部分，我们应当以数学学科内容的教学作为载体，继续关注学科核心能力（关键能力）的培育，再结合学科育人目标的体现，对学生的品格和价值观念进行积极引导。当然，这是一个长期的过程。那么怎样发展数学核心能力？路径就是"过程与方法"。上海的《中小学数学课程标准》中，对"过程与方法"维度的论述，最主要篇幅写的就是"能力的习得"。过程和方法目标需要把握两大关键：首先，过程与方法目标主体是学生，意味着过程是学习的过程，而不是教学的过程；其次，过程与方法目标具有纽带作用，知识与技能（学习内容）只是基础，也是载体，数学课程的目的是育人，也体现为"情感态度价值观"目标的实现。"过程与方法"则联结了"知识与技能"目标和"情感态度价值观"目标，反映出数学学习不仅应掌握知识、学会基本技能，

（续表）

主题阐述	更要从学习和运用的过程中提升思想认识、形成积极的情感体验和正确价值观念；再次，指向能力发展，过程与方法本身也是不能割裂的。核心能力究竟是什么？能力并不只是解题能力，它是在解决问题的过程中，各种原理、技能、方法等的合理、灵活、准确运用。只有核心能力培养好了，才能进一步来谈学生核心素养的培育。
展示研讨	关于两节数学研究课的"三向"解读 　　从宏观上来看，七年级的中心对称图形在作图的过程当中所体现的性质，会体现在八年级"几何证明"部分倍长中线的例题讲解过程中。例题的共同特征是添加辅助线，构造全等三角形，也可以说是构造出中心对称的图形，体现了不同的单元和单元之间的联系以及纵向的学习发展进程。 　　从微观上来看，两节课在细节上有共同特点。第一，概念方法的落实采用了思维导图的方法。八年级的课将思维用流程图揭示出来，甚至在变式中让学生将思路写出来，这在几何证明教学中是非常有效的。"要证什么……只需证什么……"，像这样在"由因导果"与"执果索因"的推理过程中，不断架设联系条件与结论之间的桥梁，其中一些关键的桥梁就是"辅助线"。搭建桥梁是需要经验的，过去是中心对称，现在是倍长中线。第二，变式引导下的活动设计，变式可分为概念变式和过程变式，今天的课中不仅有概念变式，也有过程变式的设计。严老师的课中，有些对称图形是让学生画的，有些是让学生讨论的，任务和形式并不单一；韩老师的课中，有些是要证明思路和证明过程的，有些只要证明思路即可。概念的建构、活动的探究都是活动，我们所提倡开展的数学活动应是能够促进学习方式有效转型、不断完善的活动。第三，充分关注课堂对话，学生要表述，而且语言表述得很好。教师要转化自己的话语体系，有效捕捉到学生原有的认知经验，在这个基础上开展对话，对话不是师和生在一起讲讲话就是对话，课堂对话的内容及其解读非常值得深入研究。第四，今天严老师这节课的小结，是过程式的。第一，强化了过程；第二，每个环节上有什么要点，随后再落到知识点上。基于进程的小结值得教研组深入研究。 　　再从旁观者的角度来看，也就是从课堂观察者的角度看。课堂观察、课堂工具的开发、课堂分析以及前测都是需要老师关注的。中线倍长的前测是七年级中心对称的回顾以及情境引入的问题，能够意识到今天这节课教学的主线，也能够让老师了解学情，基于学情开展教学。
证据积累	1. 对本次活动课堂教学的评价指标： <table><tr><th>评　价　指　标</th><th>评分（1—5分）</th></tr><tr><td>（1）教学目标设定清晰明确，能体现"过程与方法"目标的特征，目标达成效果好</td><td></td></tr><tr><td>（2）教学内容组织合理、加工适切，符合学生认知水平</td><td></td></tr><tr><td>（3）数学活动的问题设计或任务设计有效，实施时能引发学习兴趣、激活思维活动</td><td></td></tr><tr><td>（4）充分关注学生的问题分析与解决过程，有利于学生数学核心能力的发展</td><td></td></tr><tr><td>（5）重视课堂对话，给予学生较为充分的表达机会和时间</td><td></td></tr><tr><td>（6）能适时开展课堂即时评价活动，诊断有效、反馈及时</td><td></td></tr></table>

（续表）

证据积累	2. 两节数学课的各项指标评价雷达图： （1）7年级，"中心对称"： 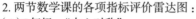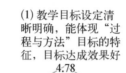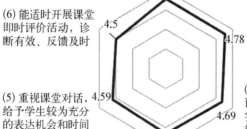 （2）8年级，"证明举例——倍长中线法"： 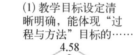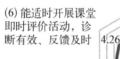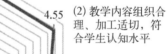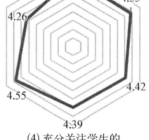

（续表）

证据积累	3. 参加活动的教师对本次教研活动的分项评价雷达图： 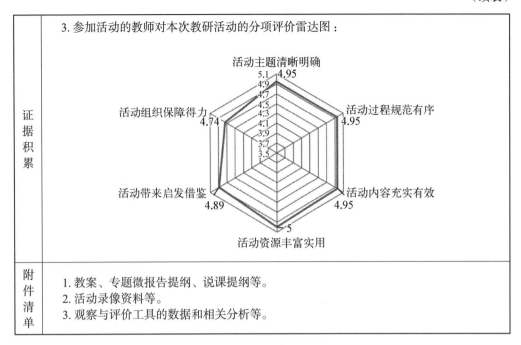
附件清单	1. 教案、专题微报告提纲、说课提纲等。 2. 活动录像资料等。 3. 观察与评价工具的数据和相关分析等。

【反思与分享】

收获与共识	本次教研活动于11月23日在江湾初级中学顺利开展。期间，通过在线签到系统签到的教师共有150名。若计入学校教研组成员和执教教师等，本次活动参与者共约160人。 本次教研活动非常成功地体现了市教研主题"指向数学核心能力发展的'过程与方法'目标再研究"。通过"11.4中心对称"和"19.2证明举例——倍长中线法"公开课教学为主要研究对象，我们从多个角度体现了过程与方法。 （1）通过课前、课中练习，了解学生的初始水平，检测学生学习实际效果 参考了布鲁姆的认知目标六级分类和课程标准，根据学生的学习表现和教师对学生经验判断相结合将学习水平分为四级：原有认知、记忆水平、解释性理解水平和解释性理解水平。通过课前、课中练习，围绕核心概念、主要方法展开的一系列由简单到复杂相互关联的设计，根据学生实际情况调整教学。 （2）通过基于"学习进程"的课堂观察工具观察课堂教学。 选用预设的实践点，教学活动及提问，学生反应，教师应对和特色及建议等各种分析要素进行课堂观察；通过观察组老师收集数据对课堂教学中的教师教学和学生学习进行分析，证明学习进程的有效推进，以体现过程与方法。 在后期的评课活动中，观察教师代表利用实证工具对课堂进行观察，以分析课堂学习进程，充分落实有效教学。 （3）通过单元教学学习方式纵向体现过程和方法。 从"11.4中心对称"到"19.2证明举例——倍长中线法"关注"中心对称"这一核心知识点纵向内在联系，依据学习进程的分析，设计出适合学生具体概念理解水平的测试方法，通过各种形式运用到教学中，帮助教师确定学生的学习轨迹，促进其正确理解的形成。

（续表）

收获与共识	（4）通过二维码和网络技术在线提供教研活动资料。 参与活动的教师一般都希望能获得电子版本的教案和相关活动资料，为此，我们采用二维码技术，将下载链接提供给教师，便于教师使用手机等移动端下载资源。 （5）课后研讨环节采用在线互动提问，设计与"学习进程"环节相关问卷。 通过在线互动提问，为每一位教师提供参与提问的机会；通过问卷教师能对执教教师或点评专家等提出相关问题，同时为项目的下一步实施提供意见与建议。 表格见下 （6）在线课堂教学评价，深度参与听评课。 采用问卷网平台设计在线课堂教学评价，评价指标根据活动主题与研究的要点设计了若干维度的评价指标。听课教师能在听课活动结束后就完成评价问卷。在后期评课活动中，我们能即时通过手机微信看到评价情况和评价数据，通过数据来体现观课者对教学的总体评价。 通过以上几项研究环节的呈现，对参与活动的教师和教研员带来了非常大的触动。教师们普遍非常认同这种形式，也很愿意使用微信扫码参与活动或评价。同时，基于课堂教学真实问题研究的教研又提高了教研的效果，使得原本停留于经验或者专家把持的话语权变成了参与者提问，组织和执教者通过答问来有效诠释教研主题的模式。这种方式也带来了教研活动模式的转型，有利于推动区域和校本教研更好地借鉴，从而提高活动的参与性。

1	您在课堂教学中是否经常采用"变式题组"？
2	您在课堂教学中是否经常有示错、纠错的环节？
3	您在几何证明教学中是否经常采用流程图（或思维导图）呈现推理思路？
4	您在讲评作业时是否经常让学生辨析出错的原因？
5	您在开展教学之前是否经常开展前测，以了解学生对相关前继知识的熟悉程度？
6	在课堂教学中，还有哪些值得观察和研究的教学方法、策略或细节有助于改善学生的数学学习进程？

问题与分析	虽然本次教研活动顺利完成，且反响也非常好。但活动本身还有不少有待进一步思考和改进的细节。 1. 关于学习进程的课堂观察工具的设计。如何更加准确地判断学生可能出现的问题对应于学习进程中的哪个位置，目前来看是具有挑战性的难点。不仅需要观察者对教学的准确把握，也需要对学生的学习情况有更深入的认识； （2）关于"前测"的作用。如何依据评测结果选择合适的教学策略，目前还缺乏更多经验来系统地加以归纳； （3）关于课堂观察工具的优化。教学流程与学习水平如何在量表中更有效结合，如何更简明地体现学习过程与学习进阶之间的联系； （4）关于教研活动的有效互动。由于活动时间和空间的限制，部分互动提问环节的问题还没有得到充分交流和答疑，我们需要进一步思考如何在活动之后有效地延续教师对活动的研讨并形成有效共识。

（续表）

后续行动	本次教研活动完成之后，设计团队开展了细致的总结工作。教师和教研员们一致认为这一主题值得进一步深入研究。为此，我们梳理了以下可以继续开展的工作与活动： 1. 在下一年的年度教研主题中，加入关键词"学习进程"，将"过程""进程"作为有机推进的整体研究； 2. 在今后的课堂教学研究活动中，进一步把"核心能力"发展与学科育人主旨联系起来，逐步推进体现核心素养培育的数学教学研究与实践； 3. 进一步重视基于单元教学设计的教学实践。随着《初中数学单元教学设计指南》的出版，对于单元教学设计的研究可以进一步加强，以本次活动为例，可以更多开展基于单元的教材教法分析和活动设计研究； 4. 支持区、校两级教研活动探索课堂教学真实问题和单元教学教研的各种新方法，加强对过程与方法的科学性分析和研究，加强思辨，加强对话，吸引教师更积极地参与研讨，让教研活动成为促进教师专业发展的平台。

案例提供者　刘达

【活动点评】

学科教研活动对教师的业务成长起着支撑作用，但目前日常的教研活动质量普遍不高。实践研究表明，主题的引入是提升教研活动质量的有效途径。该主题教研活动是虹口区围绕上海市教研主题"指向数学核心能力发展的'过程与方法'目标再研究"展开的，活动基于上海市江湾初级中学"学习进程"课题。该主题教研活动的设计与实施彰显了课堂新魅力，让教师用研究的视角梳理课堂，从课堂的外显行为中探究到内隐的教学思想，并不断地把课堂问题转化成教学研究课题，让课堂中思维碰撞的火花、情感交流后的愉悦得以延续。同时以有效地解决课程实施中的教学问题为主题，以反思、互助、引领为路径，让理论与实践联姻，构建了教研新文化，促进了课堂教学。

该主题教研活动有内涵，体现了"学习进程　核心能力"的教研主张；教研活动分层次，呈现"深度式、分层式、裹挟式"的教研样态。因此，该主题教研促进了教师教学理念和行为的转变。通过两节教学展示课与后续的专题微报告，不仅对老师们的教学理念的更新起到了潜移默化的作用，而且优化了老师们的教学行为。正如在主题教研活动之后，一位青年教师说："通过活动，我不仅看到了学习进阶设计的实用价值，更体会到自己积极参与的重要意义，感觉自己对问题的认识已明显提升了一个层次。可以说，这次主题教研活动对我自己业务能力的提高影响深远！"同时，该主题教研活动探索了一种共研共享的研训模式，构建了一种新的教研范式，初步形成了区域教研整体提升的联动效应。

点评人：虹口区教师进修学院　朱丽霞

四、主题教研活动高中语文案例

【案例导读】

本案例为上海高中语文学科市级主题教研活动。它通过课堂观摩、教学说课、经验分享、专家点评、专家微报告环节，呈现了该学科基于"反思论证过程，提升说理品质"主题教研的基本流程，展现了上海高中语文学科在主题教研过程中的整体性规划、阶段性思考和可持续发展。该案例基于教学实践的重难点问题、基于教研实际的热点问题，为区域教研、校本教研等提供了可视化的路径、可操作的流程及可推广的教研范式。

【主题策划】

主题名称	反思论证过程，提升说理品质
选题动因	［现实背景与实际问题简析］ 　　2017年颁布的《高中语文课程标准》明确了语文学科核心素养四个方面，其中的"思维发展与提升"是指"学生在语文学习过程中，通过语言运用，获得直觉思维、形象思维、逻辑思维、辩证思维和创造思维的发展，以及深刻性、敏捷性、灵活性、批判性和独创性等思维品质的提升"。就此而言，高中阶段议论文写作教学是发展学生思维、提升学生思维品质的重要抓手。 　　实际教学中的情况是，就学生而言，在议论文写作方面普遍存在的问题之一是不会说理，具体表现为理由牵强、堆砌事例、关键概念前后不一致、语气绝对化等。就教师而言，在指导过程中又往往缺乏相应的策略与方法，面面俱到、知识灌输、技巧训练等多见于各种类型的写作指导课，尽管在作文批改讲评上耗费了大量的时间与精力，然而收效甚微。 ［教研活动主题的思考与确定］ 　　□ 主题所呼应的区域或学校的项目研究 　　□ 主题所呼应的学科教研年度主题 　　□ 主题所回应的教育教学实践中的重难点问题 　　□ 其他：_____ ［简述］ 　　"反思论证过程，提升说理品质"。聚焦于反思阶段，即议论文写作中的修改阶段。关注论证过程，即：文章用哪些理由来支撑观点？理由是否合适？是否充分？理由有没有相应的证据的支撑？证据是否合适？是否充分？教师发挥主导作用，给予学生反思论证过程的学习经历，让学生了解方法，体验调用方法的过程，提升说理的品质，从而帮助学生建立起"关键概念""理由""证据"的意识与标准，促进习惯的养成。

（续表）

预期目标	［主题教研活动的总体目标和期望效果］ 目标之一，是让学生积累一些议论文写作所需要的基本的逻辑知识，并且能够在写作过程中运用这些知识。目标之二，是让学生体验从"概念""理由""证据"切入发现文章的问题并尝试修改的过程，从而建立其关注"概念""理由""证据"本身的合理性的意识。目标之三，是希望通过课堂实践、课后研讨，帮助教师加深对设计写作指导课的几个关键点——"聚焦""活动""支架""转化"的理解与认识。
系列活动	［主题教研活动的整体规划］ 活动1： 　侧重于"理由能否支撑观点"。2018年10月。 活动2： 　侧重于"关键概念前后是否一致"。2018年12月。 　……

【活动设计】

基本信息	［本次活动与主题教研活动系列的关系］ 　本次活动是整个主题教研活动的首次活动。 　期望目标之一，是让学生对"假设前提""事实与推论"形成初步认识，并能运用这些逻辑知识进行反思。目标之二，是让学生体验从"这个理由是否成立"切入发现文章的问题并尝试修改的过程，从而建立其关注理由本身的合理性的意识。目标之三，是希望通过课堂实践、课后研讨，帮助教师加深对设计写作指导课的几个关键点——"聚焦""活动""支架""转化"的理解与认识。				
	活动时间	20180510	活动地点	市三女中	学段/学科	高中语文
	活动设计团队	市区教研员与市三女中语文教研组部分教师				
	参与群体	各区骨干教师				
活动准备	［重点环节的设计］ 　□编制问卷（教师、学生等）： 　□准备研究课（试教、说课等）： 　□开发工具（观察、互动、评价等工具）： 　□准备活动资料（与教研活动相关的文本等）： 　□其他： ［主题教研活动的基本流程］ （1）课堂教学展示 （2）备课团队代表说课				

（续表）

活动准备	（3）学校教研组就议论文写作教学分享经验 （4）区教研员就议论文写作教学研究分享经验 （5）市教研员点评 （6）专家微报告
	［建议积累的资料］ （1）案例，包括教案、课堂实录、教学反思。 （2）发言文本，如说课稿及教研组长、区教研员发言的文本。 （3）专家点评文字整理。 （4）问卷及相关数据。

【活动实施】

主题阐述	从理由角度切入，反思论证过程。理由是否合理，可以从不同方面去考量。本次活动仅是从"这个理由本身是否合理"入手。帮助学生学习一些最基本的逻辑知识，如假设前提，如事实与推论，指导学生尝试运用这些知识来考量"这个理由"。为了便于学生解决问题，设计了相关的表格工具。希望学生在运用知识、借助工具、反思论证、发现问题的学习经历中，建立起关注"假设前提"、辨别"事实与推论"、运用表格工具的意识，作用于作文的修改，从而提升说理品质，最终能够发展并提升思维。
展示研讨	**说课**（市三女中　管骏捷） 为什么要选用一个文本？ 作文讲评课是写作后指导，它和写作前的指导最大的区别是面对的文本数量多。写作前指导师生可以围绕一个作文题展开讨论，而写作后讲评课可供选用的文本有几十个。我们平时通常的做法是选择几篇典型习作或者几个典型片段来讲评。这样当然比较集中，但还不能完全做到聚焦。学生的思维需要在若干文本中来回切换，一堂课下来当然会有收获，但难免是片段的、分散的杂感。杨老师在这堂课中选择聚焦一个最具有代表性的文本，在教学过程中甚至重点关注其中第一条理由的分析讨论，不仅便于教师驾驭课堂，更便于学生课堂上的集中思考，由此而来的收获也就更加完整且持久。 为什么聚焦在一个问题上？ 议论文写作教学有非常丰富的教学内容可供选择，审题、立意、概念辨析、证据、理由等等。即使是从一个文本入手，也可以从中看出很多值得探讨的问题，如果都舍不得放下，那恐怕依然不是一节重点突出的讲评课。因此杨老师这堂课聚焦写作过程中理由是否成立这一个问题来分析习作，使这堂课真正做到重点明确、集中。 为什么这样来讲理由是否成立的问题？ 通过分析一篇习作来聚焦理由是否成立固然是一个明确且集中的问题，但是把这个问题直接抛给学生恐怕未必是一个有效的做法。因此我们还必须立足学生实际情况，细化教学路径。在探讨理由是否成立的时候，我们一般从四个方面思考。杨老师在这堂课中

（续表）

展示研讨	中重点呈现前两个方面，在总结的时候完整展示了四个方面，既能帮助学生构建完整的思维图景，又有具体的路径带领。让学生不但明确了方向，并且走得步步扎实。 为什么要用这个表格？ 杨老师今天在课上为了落实"假设前提"这一概念，引入了一个表格作为思维支架。这个表格在最初的设想中是没有的，因为学生在检视理由一的时候都能感觉到这条理由的表述本身是有问题的，在此基础上引入"假设前提"的概念应该是没有障碍的。但在试讲之后发现，恰恰是这种隐约有点感觉的知识点，往往是最难落实的，学生陷入了一听就懂、一看就会、一用就错的怪圈。一个可行的解决办法就是用表格工具，使学生的思考可视化。学生在课堂上看得见自己的思维过程，在此基础上进行交流讨论，师生对话，可以帮助学生掌握从论述语言中提炼假设前提并判断其对错的具体方法。 为什么设计这样的课后作业？ 这堂课的课后作业是让学生重读自己的作文，思考自己习作中的理由是否成立，据此修改作文。学生在这堂课上掌握的所有概念和方法，都必须内化为自己反思和修改作文的有效手段，这堂作文讲评课才是有效的。前面提到的工具表格，学生完全可以直接用来审视自己作文中的理由。而课堂上的一连串问题，学生修改自己文章时都可以拿来问自己。这个作业的设计，就是为了通过对知识转化的要求，来检验学生的学习情况，同时也可以检验这堂课的教学效果。 **教研组分享**（市三女中语文教研组长　姜丽） 通过对这堂课的研讨，促使我们不断思考、改变与提升。逐步形成以培养理性思维为主导的专题化、序列化作文教学体系。 比如围绕"理由成立"这个主问题的设计，可以分成的四个层面的思考，就是一个比较完整的序列。第一个层面是理由本身是否合理。第二个层面是理由是否有恰当的证据的支撑，第三个层面是理由与观点之间能否构成关联。第四个层面是用一个理由来支撑观点是否充分，当反方进行反驳时，应用何种理由进行反驳，除这一条单一理由之外，还有没有其他可以支撑观点的理由，实现论证理由的充分性。本堂课重点展示的是对第一、第二层面的思考与教学实践。对于这四个具备了层级性特征的思考，余下第三、第四个层面的思考和实践可以在这堂课之后的作文讲评中加以呈现，从而形成围绕"理由是否成立"的作文教学的序列。 比如，关注"事实是否可信"的思考序列可以包括事实本身是否是个事实；事实描述是否充分；恰当的事实是否是一个好的证据；多个事实之间的逻辑关系是什么；仅仅依靠事实作为证据是否足以令人信服等。 比如，关注"事实本身的可信度"的思考可以包括它与我们的观察、经验或背景信息是否相冲突；信息来源的知识或专业技能和其来源是否具有诚实性、客观性和正确性等。 **区域教研分享**（长宁区教育学院语文教研员　娄卫东） "聚焦"的确是破解议论文难教困局的重要策略。本节课的聚焦，体现在学生文本聚焦、学生写作的问题聚焦，解决问题的路径聚焦等多方面。文本聚焦不需多言。问题聚焦和路径聚焦，需要对写作后台的思维活动，包括概念、判断和推理等逻辑思维进行精细化的还原和分解，以揭示文体规律、逻辑规律、语言规律等，从而提升学生思维的深刻性、敏捷性、灵活性、批判性和独创性。

（续表）

展示研讨	在本次"悲剧性作品应多读还是少读"的写作中，学生论证过程中存在的原始问题是多方面的：有角度与论点、主要概念阐释、证据采用、不能辩证思维等等。如果都要评讲，一节课的时间，每个问题就只能蜻蜓点水，课后学生头脑中恐怕什么也记不住。在本节课最初准备过程中，范老师就强调，教学目标、教学内容一定要聚焦，"要在学生头脑中敲下钉子"。因此，杨老师根据学生作文中最突出的问题以及备课组就学生论证过程的研究，确定了"认识假设前提、事实、推论之于反思说理的意义"和"学习反思理由是否成立的思路与方法"这两点教学目标和探讨说理的理由是否成立的教学内容，在说理的理由是否成立的四点内容中，又将重点放在"理由本身是否成立"和"理由是否有证据支撑"这两点上，教学内容的聚焦，使得教师能够一步步引导学生在找出理由并审视理由成立与否这个具体任务的驱动下，激活学生的思维，调动学生的生活积累，让学生在积极的思维语言实践活动中，获得写作能力的提升。 再说"支架"，学生认知发展是有瓶颈的，理性思维水平的关键在于分析、说理、论证，其后台是概念、判断和推理等逻辑形式，然而后台的这些思维过程往往是不可见的。杨老师这节课采用了"思维可视化"的方法，把本来不可视的思维（方法和路径）呈现出来，使其清晰可见。借助此方法，学生能够对自己思维状态有一个理性的判断，能够审视自己思维认知的特点，从而找到提升自己认知水平的路径。 这节课的具体做法之一是开发"学生导学案"。学案设计的重点是以问题的方式呈现学习任务并给予学习方法的指导，通过让学生围绕问题进行学习探究，并通过自学、合作、展示等方式，来达到对新知的理解和内化，比如这节课上的"假设前提""事实""推论"。 这节课的做法之二是研究设计"思维可视化"的工具，利用一个工具表让学生清晰地看到"假设前提"的思考方法和思考路径，在大脑中构建起科学的思维模式，从而对分析推理中的"假设前提"进行审视判断。 **专家点评**（特级教师　步根海） 第一，今天这样的探讨是十分有价值的，它的价值不止在探讨了高中议论文写作的教学，更是关注到如何让学生形成理性思考。新颁布的国家课程课程标准明确提出"学生核心素养"这一概念，提出关注学生在语言、思维、审美、文化四个方面的素养，语言是基础，思维是核心。我们必须关注课堂上的学生逻辑思维的培养与提升，今天这堂课的价值和意义首先在于此。 第二，我们在这里谈的逻辑思维不等同于学生在高中所学习的形式逻辑。以往教学中的形式逻辑呈现出的是静态的、描述性的、概念化的知识，也就是知道是什么，知道怎样的一种形式，相关概念有哪些，判断有哪些形式，推理的三段论是怎样来的等等，这是形式逻辑。学生知道这样的知识概念是必要的，但我们教学的核心不在于这些静态的、描述性的、概念化的知识，而是要让学生在学习过程中经历、让他们自己体验逻辑思维应用，这才是我们今天所谈的逻辑思维。 第三，大家都谈到了支架，或者说思维工具。今天的课上谈到了支架、表格，以后还会有导图、量规等的应用，这样的思维工具有很多。因此我们思考如何让学生运用一定的思维工具把隐含在大脑中的、可感可思难言的东西用显性的形式表现出来，并使之成为一种常态。今天课上这样的支架使用是很有价值的，因为它不仅使思维外显化，而且使学生思考自身思维的真实路径是什么。 第四，讲转换，尽管课堂上没有许多有关转换的内容，但是从这堂课上我们可以观察到这样的转化模式。这个转化不只是针对这篇写作讲评，也就是说学生既要回去反思自己写过的东西，同时还要学会类推，在学生今后的写作过程中是要有这样的意识，要有这样的支架，要有这样的行为。

（续表）

展示研讨	当然，我们也要进一步探讨一些问题。 第一个问题范老师已经提到的，就是课堂教学时间只有40分钟，既然核心要解决一二两点，那么就要抓住理由一，老师应该在理由一上多花些时间，而理由二让学生回去以后再思考，这样也许会让学生有更深切的体会。 第二个问题，既然是要针对学生的问题来让学生修改，今天的意见是否太一面倒了，也可以让学生提出不同意见。提出不同意见的目的不是要坚持"我"的观点，而是要展现出"我"的思维的过程，"我"头脑中有这样的逻辑，"我"也有这样的假设，"我"的确是用这样的理由来支撑"我"的论点，"我"的确是列举了这样的事实，那么"我"把"我"认识到的东西用一定的、带有逻辑的形式表述出来难道不好吗？课堂应该创设情境让不同的观点进行交锋，在交锋的过程中是否会让学生有更深入的认识呢？ 第三个问题，既然我们运用了这个支架，那么我们就要充分发挥这个支架的作用，然而今天只是做了一个展示，而没有让学生借助这个支架，检验自己的思维一步步深入下去。因此设计这样的思维工具很好，但如何用好这样的思维工具，怎样用好这样的支架，真正探寻到思考问题、解决问题的方法与途径，从而把我们所教的东西转化学生自己的东西，这是值得我们今后进一步去思考的。
证据积累	1. 本堂课所要解决的问题在日常教学中 ［单选题］ 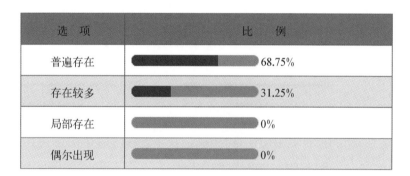 2. 课堂上对问题的诊断分析 ［单选题］

1. 本堂课所要解决的问题在日常教学中

选 项	比 例
普遍存在	68.75%
存在较多	31.25%
局部存在	0%
偶尔出现	0%

2. 课堂上对问题的诊断分析

选 项	比 例
非常适切	62.5%
比较适切	25%
一般	6.25%
不太适切	6.25%

（续表）

证据积累

3. 本堂课的教学中解决问题的策略　［单选题］

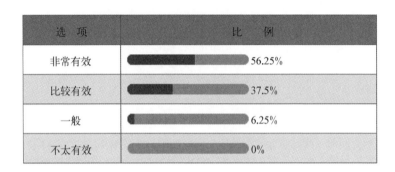

选　项	比　例
非常有效	56.25%
比较有效	37.5%
一般	6.25%
不太有效	0%

4. 请用一句话评价本堂课。
- 充分调动学生思维。
- 有学习价值。
- 思维容量很大。
- 对于高三作文活动很实用。
- 引用学生陌生的逻辑概念解决简单问题，让问题复杂化。
- 给了我不一样的视角。
- 较有启发。
- 一堂成功作文讲评探讨课。
- 精彩难忘。
- 能有效地帮助学生认识自己写作中的问题。
- 简洁清晰犀利深刻。
- 简练清晰有效。
- 这是一堂实践性很强的课程。
- 眼界开阔，序列化教学有指导意义。
- 精彩。
- 节奏较快，环节间的联系不够；课后指导应突出改后的成效。教师素养很好。

5. 就本堂课的教学，为教师提一条建议。（选做）
- 等待学生的思考再耐心一些。
- 关注学生的生成。
- 先分清结论、事实及理由，再推究理由与事实之间是否能建立证明与被证明的关系！
- 教师不要过于强势。
- 立足于语文学科本质，培养各种常用文体写作技能。
- 可以拿掉一部分内容，让学生将讨论转化为当堂写。

6. 课后研讨的内容　［多选题］

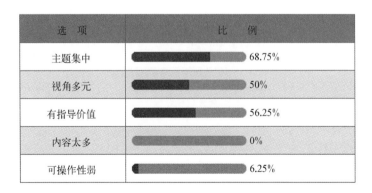

选　项	比　例
主题集中	68.75%
视角多元	50%
有指导价值	56.25%
内容太多	0%
可操作性弱	6.25%

（续表）

证据积累	7. 请用一句话评价本次活动（或为本次活动提一条建议）。 ● 更希望提供修改工具。 ● 活动安排合理。 ● 站在前沿，立足一线，赞。 ● 推理观点获得的过程是否合理需要简化的直接的办法。 ● 希望有更多学习平台和机会。 ● 主题鲜明突出。 ● 为理性思维品质作文教学开辟新路径！ ● 期待更多的后续研讨。 ● 活动很好，会场亮度不够。
附件清单	（1）案例，包括教案、课堂实录、教学反思。 （2）发言文本，如说课稿及教研组长、区教研员发言的文本。 （3）专家点评文字整理。 （4）问卷及相关数据。

【反思与分享】

收获与共识	第一，建立学生视角。站在学生的角度想一想。学生从高一开始学写议论文，他们也很想把文章写好，但苦于不知道怎么写好。老师说要修改，学生心里想我怎么修改；老师说观点要独特，学生心里想我怎么让文章的观点独特呢；老师说论证要有说服力，学生心里想我文章哪里没有说服力，我怎么发现，我怎么修改。这堂课，就是教学生去发现，说理过程中用来支撑观点的理由是否存在问题、存在哪些问题；有了发现，才能修改。因为站在学生的角度想，才有了这堂课的立意。 　　第二，运用逻辑知识。教逻辑知识不是我们的目的。这堂课有一个很关键的概念，那就是假设前提。回顾这堂课关于假设前提的处理：首先，老师提出假设前提这个概念，解释什么是假设前提；接着，借助一个工具表，举例说明；然后，让学生分组合作，借助工具表，寻找相关的例子，进行交流。这是让学生认识概念的过程。在建立了一定的认识之后，教师让学生运用假设前提这个概念来判断理由本身是否合理。所以，讲逻辑知识不是我们的目的，教学生运用逻辑知识来反思说理才是我们的目的。 　　第三，开发使用工具。这堂课使用了一个表格。表格分三列，一是结论，二是假设前提，三是合理与否。一方面它明示思考的路径，结论是什么，获得这个结论的假设前提是什么，而这个假设前提合理吗。另一方面，它将思考可视化。学生将自己的思考变成文字之后（也就是"落笔"），便于大家的交流，便于大家的讨论，便于大家的分享——我们强调"大家"，这个"大家"就是学生群体，有的学生一听就能记住，有的学生记住了很快又忘记，还有的学生听都未必听清楚，而落笔就能解决问题。当然，落笔之后，也便于自己的修正。所以，在反思说理过程中，在思维训练过程中，表格工具发挥了重要作用。 　　第四，取舍是必然的。一堂课只有四十分钟。有些内容我们可以少讲，尽管它也很重要。比如，反思理由是否成立，除了可以去思考理由本身是否合理，理由是否有恰当的证

（续表）

收获与共识	据支撑，当然还应该去思考理由与观点是否构成因果（相关不等于因果），理由是否充分（只有一个理由可以吗）。后者尽管也很重要，但是这堂课就点到为止了。有些内容暂时不讲。比如，假设前提只有一个吗，作为证据事实与推论哪一种更好，这堂课暂时不讲了，以后可以讲。而少讲不讲的另一面，有些内容我们今天这一堂课详细地讲，有些过程必须让学生去经历，由不知道到知道，由不懂到懂一点，由无意识到有意识。
问题与分析	1. 关于逻辑知识 因为长期以来学生缺乏逻辑知识的学习与运用的经验，尤其是在语文课堂上，不要说经验，连相关的经历几乎都没有；所以教学设计更应该在知识讲解、训练指导方面下功夫。比如，选用生活中具有代表性的例子来帮助学生认识"推论"与"事实"之别，在运用知识解决问题过程中，提供给学生较为充分的时间，让学生在合作交流讨论中，在教师的指导下，体验运用"假设前提"的知识发现"这个理由"的不足的过程。 2. 关于表格工具 工具的意义在于使用，在使用中工具的意义才得以实现。教学设计更应该关注表格工具的使用。具体而言，教师应如何示范使用的过程，如何在示范中选用典型例子讲解使用的要点，如何为学生设计由易到难的任务，如何让学生使用中的问题表现出来、并且适时地加以引导，这些在设计过程中要充分考虑到。 3. 关于观念碰撞 由于活动时间有限，在说课、工作交流、点评、专家微报告之后，尽管这四个环节均规划时间精简内容，但预留给现场教师交流观感、分享思考的时间几乎没有。虽然主办方的观念得以较为充分的传递，但教师接受内化尚须一个过程，而有时思维的碰撞是必需的，涉及有些观念，无碰撞无内化。尽管本次活动首次采用微信扫二维码做问卷调查的方法，因此较以往能更多地听到参会教师的心声；然而，主题教研活动如何优化环节内容、合理规划时间、促成更为充分的现场交流，仍值得深思。
完善与推进	1. 完成过程性资料的积累工作。其中，教学案例的撰写，由教案、课堂实录、教学反思三部分内容组成。 2. 微信发布，加强宣传。发布题为《反思论证过程，提升说理品质》的新闻稿，回顾活动的主要内容与精神，突出研讨取得的共识。 3. 开展网络教研。借助网络教研，让更多教师观摩课堂教学，参与到主题思考中来。 4. 建立研究团队，持续开展研究。组建由长宁、宝山、黄浦、松江四区教研员及骨干教师组成的市区联合研究团队，就"反思论证过程"持续开展研究。第一阶段聚焦于"理由是否成立"，分别从"这个理由是否能够支撑观点""理由是否有证据的支撑""理由是否充分"等角度切入；第二阶段聚焦于"证据是否合理"，分别从"这个证据是否具有真实性""证据是否具备足够的细节""证据与理由是否一致""证据是否充分"等角度切入。主要研究方法，一是文献综述，结合调查研究；二是课堂实践，结合案例分析。

案例提供者　范飚

【活动点评】

2018年5月10日，在市三女中举行了一次以"反思论证过程"为主题的教研活动。在此次活动中，杨黎兰老师以"这个理由本身是否合理"作为教学主题进行了一次写作指导，旨在通过帮助学生认识"假设前提"对反思论证过程的重要作用、学习运用表格工具反思理由本身是否合理，提升学生的反思论证过程的能力。

一、主题的确立

在上海市教委教研室和区教育学院教研员的引领之下，我们遵循语文课程标准，落实学科基本要求，又在市三女中原有写作教学的基础上，充分关注高二学生的学习经历，确立了这个主题。

在语文课程标准中，明确提出"发展逻辑思维""提升思维品质"的课程目标，在教学基本要求中，也强调了要求学生"分析主题与材料之间的相关性"。

市三女中原有的作文教学，也比较突出对学生进行形象思维、逻辑思维的作文思维训练，为此开过一些相应的作文展示课。

高二的学生已经具备一定的作文审题立意的能力，也大体熟悉议论文写作的基本框架，但是对于议论文写作中这个理由是否能支撑观点，这个理由本身是否合理，这个理由是否有证据支撑还表现出了相当的模糊与随意。围绕"理由"，经过对学生一个阶段写作问题的整理，我们发现学生在对理由本身的陈述上存在着一定的误区，往往凭借主观情感上的好恶就给出绝对性的断言，容易以偏概全，以个体局部认知代替整体判断，忽视理由本身在逻辑上的合理性。在教学中，明确理由本身是否合理是解决理由和观点是否具有相关性、一致性的一个重要前提；另外对于一个议论文的论证段落来说，可以没有证据，但是不能没有理由，可见完成对"这个理由本身是否合理"的主题教研是有其必要性和重要意义的。

二、课型的设计

在课型的设计上，我们力求符合学段、年段、阶段学生的起点和学习预期，关注学生在反思过程中遇到的问题，并充分利用可视化的表格工具，在体验路径的基础上，让学生初步形成一定的反思意识。

首先我们自编的作文题是立足于学生对校园文化真切感知的基础上，使得她们在写作中理由的阐述来自她们真实的感受与认知，也便于教师进行有针对性的指导。

其次在教学中，无论是导语的设计，还是具体过程的引领，在关注到学生的学习经历基础上，做到了对论证过程中的"这个理由本身是否合理"的充分反思。针对学生无法有逻辑地分析理由本身的错误这个教学难点，教师引入假设前提概念来引导学生思考，并用表格明示思维路径，从教师举例到学生自己举例，从分析生活实例到分析例文理由，引导学生参照表格去体验反思践行这个思维路径，帮助学生真正内化"假设前提"这个概念，并确知如何运用假设前提去判断理由是否成立。总结环节，教师概括反思理由成立的基本原则和思维路径：思考理由本身是否合理，应该掌握假设前提概念，用它来反思理由是否合理。在作业环节中，教师要求学生运用今天学到的工具表格，反思自己的作文在论证过程中是否做到了"这个理由本身是否合理"。

在关注学生学习经历的基础上，整个教学流程做到了"聚焦""活动""支架""转化"，而且显得环环相扣、一气呵成。

三、教研组的发展

这次主题教研活动，也促使教研组在思维层面不断思考、改变与提升。

第一，按照学生作文在理由方面呈现出来的不同问题，这堂课只以一个核心问题为突破口，其他的问题陆续开展，就可以形成一个以作文为媒介的思维训练体系。由此还可以延伸到其他与作文思维相关问题的探讨上，比如：关注"证据是否可信"的思考序列可以包括证据是否符合事实；事实本身是否是个事实；事实描述是否充分；恰当的事实是否是一个好的证据；多个事实之间的逻辑关系是什么；仅仅依靠事实作为证据是否足以令人信服等再形成一个作文思考的序列。

第二，这堂课引入的工具表格，是以往作文训练中不常用到的一种教学方式。但是工具表格在教学中确实可以使师生共同受益。教师利用创建写作教学中的工具，为学生投入任务提供明确的方向，给学生指点有价值的资源，减少不确定性，而且能做到传递的信息更加简洁清晰，学生在课上、课下独立写作时可以有方法可循，有途径可行，提高作文教学的有效性，还能引导学生最终学会创建自己的支架，从而成为独立的学习者，落实思维品质的培养。

第三，通过这次主题教研活动的开展，让我们明确了主题教研活动在各个阶段都有明确需要完成的任务，这能促使我们对一个主题活动既有阶段性思考，又有全局性整体规划意识，还有后续发展进程。而且这次教研组、备课组、备课团队的集体备课，也有助于增强团队教科研能力，促使班组研修主题教研的集中深入展开，把主题研讨课和日常教学家常课紧密联系，做到备课与评课研讨目标相一致。

点评人：上海市第三女子中学　姜丽

五、主题教研活动高中历史案例

【案例导读】

本案例为上海高中历史学科市级主题教研活动。它以数字化教研为载体，通过实践与观摩、研讨与交流，呈现了"关注目标统整，提升育人实效"的主题教研活动，旨在回应学科德育实践的重难点问题。该案例以教定研、以研促教，实现了教研方式的转型，强化了教研活动的规范，提升了教研品质的内涵，扩大了教研成果的影响，为区域教研、校本教研等提供了内涵丰富、品质凸显、特色鲜明的教研实践范式。

【主题策划】

主题名称	关注目标统整　提升育人实效
选题动因	现实背景与实际问题简析： 《普通高中历史新课程标准（2017年版）》提出了历史学科核心素养，明确了学生在学习历史课程后应达成的正确价值观念、必备品格与关键能力。统编初中历史教材全面推行，统编高中历史教材试点推行，对教师基于文本解读基础上提炼课程内容主旨、落实史学思想方法，优化教学设计，贯彻历史核心素养，提升历史学科育人实效提出了更高的要求。历史学科德育协同研究旨在探索不同学段学科德育实践的统整路径，解决历史学科育人实践中存在的问题，照应历史学科核心素养，进而落实学科立德树人的时代发展要求。 教研活动主题的思考与确定（建议从以下方面思考，勾选后加以简述）： ☑ 主题所呼应的区域或学校的项目研究 ☑ 主题所呼应的学科教研年度主题 ☑ 主题所回应的教育教学实践中的重难点问题 ☐ 其他： **简述：** 　　本次主题教研活动是金山区历史学科德育协同研究中心项目实践研究的重要组成部分，也是金山区历史学科基于学科特性开展学科德育研究年度教研主题的重要构成。经过前期实践，我们初步厘清基于课程内容主旨和史学思想方法的学科德育方法，但对实现不同学段德育有序衔接的路径不甚清晰，而这恰是学科德育实践的难点。本次主题教研活动正是回应了上述实践难题，着力探讨针对同一教学内容，不同学段德育重点的确定依据和教学路径。
预期目标	主题教研活动的总体目标和期望效果： 　　本次主题教研活动的主题是"关注目标统整，提升育人实效"，重点聚焦同一学段三维目标和不同学段育人目标的统整。具体包括：（1）教师能准确把握不同学段的育人目标。（2）教师能初步厘清不同学段三维目标统整的方法和路径。（3）教师能领会"历史德育协同研究"要求，主动寻求落实途径。 　　本次活动的期望效果：（1）准确把握初高中德育目标差异与联系。（2）初步提炼初高中德育目标统整方法。（3）强化教师学科育人意识，提高教师学科育人能力。
系列活动	主题教研活动的整体规划（说明活动名称、开展活动的预计日期）： 　　活动1. "关注目标统整 提升育人实效"初探，2016年4月7日。 　　活动2. "把握课程内容主旨 有效实施学科育人"，2016年11月17日。 　　活动3. "基于史学思想方法 探索学科德育路径"，2017年4月20日。

（续表）

系列活动	活动 4. "强化目标整合意识，有效实施学科育人"，2017年5月4日。 活动 5. "初高中学科德育目标的分野与衔接"，2017年5月25日。 活动 6. "历史课堂教学与学生学科核心素养培育"，2017年11月29日。 活动 7. "基于史学思想方法 探索学科德育路径"，2018年5月31日。 活动 8. "把握课程内容主旨 有效实施学科育人"，2018年9月26日。 活动 9. "关注目标统整 提升育人实效"再探，2018年12月20日。 活动 10. "初高中学科德育目标的分野与衔接"，2019年5月。 活动 11. "把握课程内容主旨 有效实施学科育人"，2019年10月。

【活动设计】

基本信息	本次活动与主题教研活动系列的关系： 　　本次活动处于实施阶段，是系列主题教研活动中的第9次活动。 *活动标题： 　　关注目标统整　提升育人实效 *活动目标： 　　基于历史学科课程标准，契合不同学段学生的认知能力水平，研究三维目标的有效整合途径；基于内容主旨和史学思想方法，在不同学段、不同教学文本中找到契合的育德依据；将不同学段相同教学内容的学科德育有效统整，或者同学段同内容多途径的学科德育的实施路径统整。 　　重点聚焦：(1) 同一学段三维目标和不同学段育人目标的统整。教师能准确把握学科育人目标与要求，促动教师关注不同学段育人目标的不同与联系，带动教师探索落实学科育人目标的有效方法和途径，提升教师学科育人能力。(2) 展示金山区历史学科德育协同研究项目，在学科建设、课程实施及教师发展过程中的阶段性成果。(3) 提升全体教师对"历史德育协同研究"的精神领会，及教学实践的落实。

活动时间	2018年 12月20日	活动地点	教育学院初级中学	学段/学科	中学历史
活动设计团队	历史学科德育协同研究中心项目组				
参与群体	金山区历史教师				

活动准备	重点环节的设计（建议从以下方面思考，勾选后加以阐述） 　☑ 编制问卷（教师、学生等）： 　☑ 准备研究课（试教、说课等）： 　☑ 开发工具（观察、互动、评价等工具）： 　☑ 准备活动资料（与教研活动相关的文本等）： 　□ 其他：＿＿＿＿＿＿＿＿＿＿＿

（续表）

活动准备	本次活动主题来源于对历史学科德育现状调查所发现的问题。基于问题设计了教研主题，即"关注目标统整，提升育人实效"，旨在解决初高中学科德育衔接不足，不同学段德育重点确定的教学边界不清晰等问题。围绕教研主题，项目组选择初中学段"第19课 北魏政治和北方民族大交融"作为研究课题，并组织学科中心组开展磨课等活动。基于主题，针对课例，项目组设计活动告示单、课堂教学观察表、历史学科主题教研活动策划评估单、历史学科主题教研现场教研反馈单等工具，准备本次活动宣传册等活动资料。 本次活动采用"云研讨"模式，即借助信息技术，运用直播的方式呈现教学现场，利用微信上墙等方法开展教学研讨，以此实现教学与教研现场的跨时空整合。 主题教研活动的基本流程： （1）活动准备：通过教研网，下发活动告示单与要求→明确主题→发布要求→预设问题。 （2）活动实施：目标与任务→实践与观摩→交流与研讨→质疑提升。 （3）活动反思：总结提炼→实践反思。 建议积累的资料： 本次活动形成以下资料：活动方案、活动告示单、历史课堂教学观察表、历史学科主题教研活动策划评估单、历史学科主题教研现场教研反馈单、课堂教学课例等。

【活动实施】

主题阐述	基于历史学科课程标准，契合不同学段学生的认知能力水平、世界观、人生观、价值观与历史观的培养探索，结合初高中历史学科德育一体化课程建设，不同学段的同一主题，发掘出不同视角的教学目标与育人价值；教学中如何发掘恰当载体，提炼内容主旨，洞悉不同教学文本、不同学段教学内容的育德依据，学科育人的有序性、关联性；明确初高中不同学段的教学目标与育德依据是累积关系，不是割裂的，需要有延续有提升；同一教学主题有不同的实施路径，梳理学科教学目标、德育目标有效落实的基本方法和路径等；引导教师树立培养学生核心素养的教学理念，进一步提升教师的专业技能和学科育人的专业素养。 期望形成符合本次教研主题的典型课例；达成学科目标统整的基本方法；跨学段相同教学内容的目标统整路径；教学目标与学科育人的统整策略；及时梳理本次主题教研准备与实施过程中形成的教研资料，反思与提炼成功经验，为下一次活动提供基础和借鉴。
展示／研讨	**教研活动流程** 本区的全体历史老师围绕这次课堂教学展示，结合活动的主题，依据"目标统整、学科育人"教研主题，参与研讨。 具体活动内容： **第一步：目标与任务**（活动前期准备） 将本次这一活动主题告知参与教师，下发教研活动学习单和相关活动资料，了解活动的背景和本次教研活动在主题式系列教研活动中的活动流程关系，明确本次教研活动的主要目标，布置本次活动的主要任务。

（续表）

展示/研讨	【目标】（见"预期目标"的内容表述） 【任务】主要内容如下： （1）下发活动告示单，阅读教学展示的相关教学设计 （2）根据本次教研活动的主题，对本次主题教研活动进行预设 （3）依据活动要求，调试技术平台 **第二步：实践与观摩**（40分钟） 　　通过信息平台，直播教师在基层学校的教学过程，全体学科教师，在教育学院，通过信息平台观摩教学过程，并通过微信号签到后，跟随教学进程随时跟进点评课堂教学。 　　（1）借助直播平台，连线教学现场，教师集体观摩七年级统编教材的探索课"北魏政治和民族大交融"，结合学习任务与目标展开讨论与交流； 　　（2）教师基于课堂观察，依据教研活动提供的评价表，通过线上（微信公众号）或线下（填写观察量表）的方式，完成对课堂教学的评价。 **第三步：研讨与交流**（约30分钟） **质疑与学习**：将区内学科中心组成员、骨干教师以及各校学科负责人共30位教师，组成主题教研的3个核心小组。第4小组由除核心小组外的其他学科教师共计40人组成。全体教师观摩教学展示后，结合课堂教学、课程标准和教学基本要求，围绕本次活动的目标和任务进行讨论。讨论的主题是：课堂教学中如何实践教学目标的统整；教学目标与学科育人的统整；发掘学科载体、提炼内容主旨、培养学科核心能力、落实德育目标等重点观察内容。讨论中，教师围绕主题，基于教学实践提出问题与思考；三个核心小组的组长负责记录，并整合大家的讨论意见。 　　小组的组长厘清大家提出的问题，记录老师们提出的困惑，结合观课以及组长自己的思考，与授课教师互动，提出本组的一些分析，并与授课教师一起质疑存在的困惑，以期解决在教学实践中的所思所虑。交流中，老师们也对本次教研活动作了一些聚焦性思考，在研讨中进行反馈。 **交流与提升**： 　　教师围绕活动主题，针对同一教学内容，同学段或跨学段的目标整合与学科育人的落实，展开研讨。由每个小组的组长负责反馈与交流，也可提出相关困惑与问题，进行深度研讨。 　　角度一，知识与技能。亮点：结合时代背景落实基本学科内容；对教材的重组，故事讲述生动，精选史料；多元一体提升民族观和家国情怀。对学段衔接的思考：不同学段内容有差异，要求也不同。困惑与质疑：不同学段学生思维训练该如何进行的思考；问题的设计能更契合课表的要求。 　　角度二，史学思想方法。亮点：从动机与效果的视角探究文明交融的途径与影响，史由证来、论从史出的证据意识运用很恰当。对学段衔接的思考：初中侧重时代特征、文化背景、思想认识等角度理解历史人物的作用与影响，高中侧重政治、经济、文化、社会地位等角度认识历史人物的作用与影响。困惑与质疑：结合学科特质，可以从短时段、长时段等角度，课更好地结合地图、地理环境变化等角度解释民族的融合过程。 　　角度三，情感态度价值观。亮点：设计巧妙，讲述生动；探讨国家民族关系，主旨立意高，育人价值凸显。学段衔接思考：基于不同的理解能力和思维量，在解析民族交融、融合、交流与交往的具体内涵差异性上，不同学段应有不同的思考。困惑与质疑：史学概念的表述上，同化、交融、融合等，初中是否需要辨析？板书中涉及的"中华民族"这一概念，近代才出现，在古代历史教学中就使用是否妥当？动机与效果的角度可更好地提升，进一步迁移到家国情怀上。

（续表）

展示/研讨	根据本次活动的主题和研讨后的共识，做一简单梳理，下发《教研活动质量反馈》表，请与会专家与老师们对本次教研活动的实效进行评价反馈，梳理教研心得与启示，对后续活动提供意见和建议。
证据积累	（1）微信墙即时评课，弹幕呈现。 （2）分组观摩研讨：结合课堂教学、课程标准和教学基本要求，围绕本次活动的目标和任务进行讨论，围绕课堂教学中如何实践教学目标的统整、教学目标与学科育人的统整，提出教师个人在本学段或跨学段的教学实践中的思考，遇到的问题和困惑，再由每个小组的组长负责整合、反馈与交流，也可提出相关困惑与问题，进行深度研讨。 （3）每个小组完成现场教研反馈单，每位老师完成课堂教学评价，并上传教研网汇总分享学习交流。 （4）根据本次活动的主题和研讨后的共识，做一简单梳理，下发《教研活动质量反馈》表，请与会专家与老师们对本次教研活动的实效进行评价反馈，梳理教研心得与启示，对后续活动提供意见和建议。 （5）教学设计，教学课件，课堂实录。
附件清单	表一：历史学科主题教研活动告示单。 表二：课堂教学观察表。 表三：历史学科主题教研活动策划评估单。 表四：历史学科主题教研现场教研反馈单。 附件：教学设计与课件。

【反思与分享】

收获与共识	1. **教研员**：基于教研转型的新要求，改变传统评课研讨模式，借助信息化技术，在金山广阔的区域实现网络化教研、团队合作式教研这是一种新的尝试与实践。今天把教研活动的过程转移到现场，模拟网上的整个教研过程，不同的就是团队的组成不再是各校的教研组，而是区域内跨学段的老师们组成新的团队，在观摩课堂教学的同时，对这一教学内容进行学习、评价与质疑。今天的教研主题是"关注目标统整，提升育人实效"，基于初高中不同的学科基本要求，基于历史学科的课程标准，契合不同学段学生的认知，更多地去思考：同一教学主题，同一学段的，发掘更多不同视角的教学目标与育人途径及价值；不同学段的，则要思考如何更好地跨学段衔接、延续与提升，都有哪些途径哪些有效的实施路径等。各位老师打开手机微信，扫码登录教研专场微信平台，签到后，点击上墙，在观课的同时，同步进行评课。屏幕上会以弹幕的方式呈现老师们的观课心得。 2. **初中教师1**：本节课的最大亮点就是从动机和效果的视角探究文明交融的不同途径对文明演进的影响。方老师把苻坚和孝文帝在面对同样的分裂局面和民族矛盾时作出的不同选择，最终达成的不同效果作为一条线贯穿始终，用动机和效果进行历史解释，进而得出对中华文明的影响。既有高度又有深度。此外，相同与不同，背景与条件的分析方法，史由证来，证史一致的证据意识都是史学思想方法在本节课中的充分运用。

（续表）

收获与共识	对学段衔接的思考：本节课初中学段的教学目标为，从时代特征、社会地位、文化背景、思想意识等方面理解历史人物的作用与影响。而高中学段则为，从政治、经济、文化、社会地位和思想认识的视角理解历史人物的作用与影响。相比而言，初中的时代特征比较符合初中学生的认知水平，方老师在本节课中也较好地完成了这一教学目标。 3. **高中教师1**：在叙史过程中通过"讲述故事—假设推理—设疑解答—论从史出"的路径生动形象、有理有据地解释了历史事件的发生发展过程，让学生在"趣味中的历史"中对这一段历史有了清晰的印象，同时，又能让学生在"思辨中的历史"中能清晰地认识到正确地处理好复杂的民族关系对国家政权的稳定带来的积极作用，认识到像孝文帝这样的历史人物对中华民族的历史发展起到了非常重要的推动作用。通过"示范—模仿"的路径对艺术作品中显性和隐性信息成功地进行了解读和挖掘，让学生了解通过少数民族文化与汉族文化的相互学习，充实了中华民族的更丰富内涵的优秀文明成果，认识到中华文明是各族人民共同创造的结果，中华民族是团结和统一的。 4. **高中教师2**：今天的课用一种全新的模式展示、评价、研究。也从一个全新的视角探索历史学科的德育教育，家国情怀的育人实践。一是成语中的历史，用承载着深厚的中国历史文化内涵的成语故事，用初中学生能理解的通俗易懂的语言，潜移默化地进行中华历史文明的熏陶。二是通过对孝文帝这一历史人物形象解读，诠释了一种民族认同感。英雄人物，不管来自哪一个民族，在历史长河中都有巨大影响，都是中华民族共同的精神财富。三是两处比较：孝文帝与苻坚的人物形象比较、苻坚发动战争与孝文帝停止战争的影响作比较。涉及了不同民族间的互相学习互相影响，文明的融合发展，你中有我我中有你，从民族文化到民族心理，从民族认同到文化认同；从国家认同到文明延续，逻辑清晰地向学生展示中华文明的内涵。 5. **初中教师2**：基于信息技术的网络教研，符合我们金山区区域教研的要求，在时间、空间、平台的完善等方面都需要更好地获得技术支撑。这样的一种教研模式，既可以避免因路途遥远带来的不便，老师们的参与度可以提高；又由于网络技术的速度与广度，老师们可以最大化地获取所需资源分享成果，参与讨论，拓展视野。
问题与分析	1. 教学中：如何设计开放性问题，如何引发学生的认知冲突，如何培养学生的批判性思维？虽然初高中的学生，有明显的差异：年龄、阅历、知识、能力、启悟等都不一样，但是历史教学的育人目标是一致的。优质问题的设计要达到一是基于学情，做到目中有人，二是基于文本，做到胸中有书，文本是课堂教学的主要载体，三是基于课标，做到问题有标。基于课程标准的教学，才是有效的教学。 在运用动机和效果分析前秦与北魏的相同与不同时，如果将动机设为相同的"巩固统治，寻求统一"，然后通过不同的方式，即"淝水之战"与"孝文帝改革"，进而得出不同的效果，逻辑性更强。另外，在分析前秦失败的重要原因时，把原因归结于民族融合的不充分，有点牵强。此外，在分析鲜卑族的变化时，如果能加上从地理位置的变化引起生活方式的变化的话，可能更全面。 成语中的历史：不同学段，应有不同的阐释与运用，文化自信与民族认同感也有不同的要求。 2. 教研中：结合课堂教学，更好地发掘教研主题；教师们在教研过程中参与度的提升。微信墙的使用是一次新的尝试，可进一步思考其他更多的学习研讨的平台、途径。以数字化教研为载体，抓住教研转型这一契机，更好地把握主题、抓住主线、理清主次、提升学科教研的品质。

（续表）

后续行动	1. 借用信息化手段的教研模式可继续深入研究，教师们在课后可继续反思研讨，通过诸如公众号、学科网站的建设等手段，进一步夯实教研的成果。 2. 结合教学内容与教研主题，找到更多的反思角度，更好地揭示和呈现教学与教研活动的内在逻辑关系，真正做到"以教定研、以研促教"；进一步凝练教研主题，使得集体智慧的分享与个人智慧能够相互融合。 3. 课堂教学是学科德育教育的主要渠道，将继续契合德育协同中心，抓住学段统整、学科统整、三维目标统整的机会，上好历史课，充分发挥历史学科的育人价值。 4. 教研活动应更好地发挥教师的主人翁意识，让每位教师有更多的主动性。教研设计更要有新的思考，高位的布局，活动中要重节奏，活动后重反思，不断提高教研的内涵、能效。 5. 基于信息技术平台，探索跨学段、跨区域、跨学科教研活动新模式。如研究基于大数据的课例分析方法、建设区域优质资源库等。

附件：教研活动表

表1：历史学科主题教研活动告示单

时间	12月20日	地点	教育学院	学科	历史	组织策划	王群
教研主题	关注目标统整 提升育人实效			出席对象		全体历史教师	
教研活动设计	概　　述						备注
选题思考	基于历史学科课程标准，契合不同学段学生的认知能力水平、世界观、人生观、价值观与历史观的培养探索，结合初高中历史学科德育一体化课程建设，同一学段的同一主题，发掘出不同视角的教学目标与育人价值；教学中如何发掘恰当载体，提炼内容主旨，洞悉不同教学文本、不同学段教学内容的育德依据，学科育人的有序性、关联性；明确初高中不同学段的教学目标与育德依据是累积关系，不是割裂的，需要有延续有提升，同一教学主题有不同的实施路径，梳理学科教学目标、德育目标有效落实的基本方法和路径等；引导教师树立培养学生核心素养的教学理念，进一步提升教师的专业技能和学科育人的专业素养。						
活动过程安排	1. 观摩课堂教学，线上线下同时评课						
	2. 基于课堂教学与教研主题进行分组研讨						
	3. 交流分享：同一学段或不同学段的教学目标统整与育人实效的实践思考						

（续表）

活动效果预估	1. 达成学科目标统整的基本方法	
	2. 跨学段相同教学内容的目标统整路径	
	3. 教学目标与学科育人的统整策略	
活动资源	1. 学科德育协同研究中心项目研究资源	
	2. 初高中学科教学基本要求，初高中历史课程标准	
	3. 不同学段学科教师实践经验与反思	

表2：课堂教学观察表

姓名			学校		班级		学生数	
课题				课型				
一级指标	二级指标	三级评价指标			要点／简评			
教学设计	教学目标	1. 符合课程标准要求和学生特点						
		2. 教学主旨明确、教学目标清晰						
		3. 主旨、目标能体现于教学过程						
	教学内容	1. 具有科学性、逻辑性和启发性						
		2. 取舍得当，重点突出难点突破						
		3. 教学内容能够体现于教学过程						
教学实施	教学过程	1. 教学过程清晰、充实、有交流						
		2. 利用各种资源，营造教学氛围						
		3. 处理课堂生成问题及时、得当						
		4. 重视史料教学，凸显历史内涵						
		5. 关注个体差异，注重个别教学						
		6. 进行理想、信念等方面的熏陶						

（续表）

教学实施	教学方法	1. 教学方法灵活、多样、能整合	
		2. 注重启发教学，着眼明理益智	
		3. 重视史学方法的移植与指导性	
		4. 关注学生参与，发挥主体作用	
		5. 进行学法指导，培养学习能力	
		6. 现代教育技术应用适时、适度	
综合评述			

评价者＿＿＿＿＿＿＿＿

表3：历史学科主题教研活动策划评估单

主题教研活动名称			时间	
	观察点／程度 （按程度由低到高评分）			举例说明
教研主题	针对教学中普遍关注的关键性问题并着力解决；有利于教师的专业发展			
活动过程	安排紧凑有序，提供资源实用有效，活动有特色、有创新			
活动效果	有收获、有启示；可复制借鉴			
活动亮点				
对本次活动的建议				

表4：历史学科主题教研现场教研反馈单

组　　号		组长姓名	
本课中的亮点			
对学段衔接的思考			
存在的困惑或质疑			

案例提供者　顾燕文、李亚南、王群

【活动点评】

首先，鲜明的主题针对了现实需求。本次活动的主题"关注目标统整，提升育人实效"是课程实施中普遍关注又亟待解决的问题。同时，围绕这一主题提出讨论的问题，如，课堂教学中如何实践教学目标的统整；如何提炼内容，合理安排教学环节，有效落实德育目标；如何进行跨学段的教学研讨，达成学科整体育人目标等，既聚焦了课程改革，同时也贴近了一线教师的现实需求。

其次，充分的预设确保了目标达成。本次活动是金山区历史学科基于学科特性开展学科德育研究年度教研的重要构成。活动处于实施阶段，是主题教研系列活动中的第9场。活动将目标设定为，准确把握初高中德育目标差异与联系；初步提炼初高中德育目标统整方法；强化教师学科育人意识，提高教师学科育人能力，符合实际、具体可测，对于课程发展和教师发展具有积极的引领意义。同时，对于活动目标的达成，用"策划评估单""现场教研反馈单"等有正确导向性和操作性的工具量表进行评判，尽最大可能地确保了预设目标的达成。

最后，深度的参与涉及了全体人员。本次活动采用了扫码签到，微信墙即时评课（弹幕呈现）；组长负责制，每组聚焦一个纬度，分组观摩并交流；每个小组完成现场教研反馈单，每位老师完成课堂教学评价表，并上传"教研网"汇总分享学习体会……这些形式，对参与者有很强的参与"催逼感"，同时还为他们提供了最大集合（线上线下）对话交流的可能和即时留下教研智慧的媒介载体。从实际效果来看，主持者和参与者共同推动了教研活动全面实施。

点评人：金山区教育学院教研室副主任　顾燕文

后　记

新中国成立后，特别是改革开放以来，教研工作在服务教育行政决策、专业支撑课程教学改革、引领教师专业发展、提高教育教学质量等方面，发挥了不可替代的作用，形成了具有中国特色的教研制度和优良传统，已成为我国基础教育质量保障体系的重要组成部分。

上海基础教育改革已进入内涵发展攻坚阶段，进一步加强和改进教研工作，推动教研工作实现转型发展，对于深化基础教育课程改革、推动创新人才培养模式转变、提升教育公平、实现教育高位优质均衡发展、落实立德树人根本任务，具有重要的作用。

由上海市教育委员会教学研究室（以下简称"市教研室"）设立的"主题教研项目"发端于2016年4月，项目在市教研室主任徐淀芳、副主任陆伯鸿的指导下，由学前教育特级教师黄琼主持，项目组成员包括小学英语特级教师朱浦、初中数学教研员刘达、高中语文教研员范飚、学前教育教研员王菁、综合教研员赵雪晶、徐汇区教育学院教研室副主任桑嬝、金山区教育学院教研室副主任顾燕文。在历时三年多的研究与探索中，项目组历经基础研究、模式构建、实践应用和总结提炼四个阶段，综合应用文献分析、调查研究、行动研究、案例研究等研究方法，旨在切实把握当下上海教研工作实际情况，总结梳理上海教研的优势亮点，探寻上海教研提升发展之道。

在项目研究初期，项目组对上海市幼儿园、中小学教研员（共计758位）、教师（7 150位）的教研活动现状进行了问卷调研，提炼出了诸如"教研主题如何更鲜明？""教研内容如何更聚焦？""教研流程如何更规范？""教研方法如何更科学？"等一系列在中小学、幼儿园教研活动中普遍存在和亟待解决的问题。

针对教育改革发展的需求和教研活动现状的调研结果，项目组厘清了教研的一系列核心概念，丰富了"教研"的理论基础；构建了科学的教研活动流程与规格，形成一套教研活动指导方法；研发了系列主题教研活动工具，为教研活动提供基于证据的方法指导；探寻了基于文本指导与现场教研相结合的主题教研活动推广策略，形成可辐射的教研活动成果和产品。为提升中小学、幼儿园教研活动的主题性、实证性、参与度做出了富有成效的探索和实践，也为获国家教学成果奖的"上海教研实践范式"贡献了理论和实践智慧。

为了推进主题教研项目的研究成果在市、区、校（园）三级教研系统中的实践应用，以项目组成员作为牵头人，分别开展了小学英语学科市级主题教研活动、高中语文学科市级主题教研活动、初中数学学科校际联合主题教研活动、初中历史学科区级主题教研活动和学前教育园级主题教研活动。这些示范性主题教研活动的开展，其意义在于总结、提炼、宣传、推广主题教研活动的理念、流程、规格、工具等，引导广大教研员、教师围绕教育教学中的具体问题，倡导同伴互助，共享参与的教学研究文化，开展主题明确的实践性教学研究，充分发挥了"文本指导＋现场教研"在促进教研活动品质提升中的示范辐射作用。

集合上述理论与实践的研究成果，本书分为上下两个篇章，上篇主要是主题教研项目研究的历程与成果概述，上篇由赵雪晶撰写完成。下篇主要是主题教研活动的操作指导和实践案例，第一章由黄琼撰写、第二章由王菁撰写、第三章由桑嫣撰写、第四章由范飚撰写；第五章的主题教研活动实例由黄琼、王菁、朱浦、刘达、范飚、顾燕文、桑嫣供稿并指导完成。全书由赵雪晶完成统稿工作，由应嘉担任策划编辑。

本书在撰写过程中，得到了市教研室主任徐淀芳的大力支持和肯定，并由他为本书作序。本书所呈现的是项目组成员刻苦钻研的研究成果，也是上海市、区、校三级教研人员在教研领域的探索实践中所积累的团队智慧与经验成果，我们对参与到主题教研活动研究和实践的市、区教研员、基层学校和教师表示真挚的感谢！对历代教研人的辛勤积淀和创造性的工作表示深深的敬意！

教研走进新时代，上海教研人将继续初心如磐、步履不停，面向未来，我们将筑梦前行、勇攀高峰！

主题教研项目组

2019 年 10 月 10 日

图书在版编目（CIP）数据

主题导航教研 / 上海市教育委员会教学研究室著.
— 上海:上海教育出版社, 2019.12（2021.9重印）
ISBN 978-7-5444-9655-1

Ⅰ.①主… Ⅱ.①上… Ⅲ.①活动课程 – 教学研究 – 中小学
Ⅳ.①G632.3

中国版本图书馆CIP数据核字(2019)第287272号

策划编辑　应　嘉
责任编辑　屠又新
封面设计　陈　芸

主题教研的研究与实践丛书
主题导航教研
上海市教育委员会教学研究室　著

出版发行　上海教育出版社有限公司
官　　网　www.seph.com.cn
地　　址　上海市永福路123号
邮　　编　200031
印　　刷　启东市人民印刷有限公司
开　　本　700×1000　1/16　印张 9.5　插页 1
字　　数　200 千字
版　　次　2020年1月第1版
印　　次　2021年9月第5次印刷
书　　号　ISBN 978-7-5444-9655-1/G·7963
定　　价　68.00 元

如发现质量问题，读者可向本社调换　电话：021-64377165